memiの1か月食費2.5万円!

節約ワンプレートごはん おかわり!

memi・著

永岡書店

introduction

1冊目の出版から約1年半が過ぎ、インスタグラムや、本を見てくださった

多くの方のおかげで2冊目を作ることができました。心より感謝申し上げます。

みなさんからいただいた温かい言葉、貴重な意見はすべて活力にしながら、

節約料理の研究を重ねていますが、この1年半は食材高騰が大きな課題でした。

ひとつひとつは小さな値上げでも、ギリギリ予算だと守るのが厳しい！

食費をできるだけ抑えながらも満足のいくおいしいごはんを作るには、どうすればいいのか。

考えて、試して、改善して、喜んで…を続けた結果、子どもの成長もふまえて月予算を5000円アップ。

家族3人で1週間5000円、1か月2万5000円で朝、昼、晩の3食分をやりくりすることにしました。

　2冊目のこの本も、1冊目同様に安く買った食材をムダなく使い切ることが大テーマです。

定番食材の使い方にバリエーションを持たせ、

品数豊富でボリュームのあるワンプレートにすること、

夫と子どもが笑顔で食べてくれることを大切にしながら、

私自身も、楽しい！　おいしい！と喜べる節約ワンプレートごはんをこの1冊にまとめました。

日々いろいろなことがあり、落ち込むときや元気が出ない日もあるかと思いますが、

あったかい、おいしいごはんを食べて、少しでも笑顔になってほしいと心から願っております。

From memi

Contents

3食そのままマネできる! 35日の献立大公開

memi's Column

この本のレシピについて
- ●計量は小さじ1＝5cc、大さじ1＝15cc、1カップ＝200ccです。
- ●電子レンジは600Wのものを使用しています。500Wの場合は
  加熱時間を1.2倍にするなど、お手持ちの機器に合わせて調整してください。
- ●1人分の金額、食材の価格は、著者が購入したものを計算したもので、参考としてお考えください。
  また、調味料や粉類など一般的な常備食材、米、ポイント購入した食材の価格は含みません。
- ●おかずは大人2人、子ども1人分（大人の1/3〜1/2量）の分量としています。
- ●ご飯（お弁当含む）は特に記載のない場合、茶碗一杯（約150g）としています。
  お弁当箱は容量650㎖のものを使用。

memi流
食費1か月 2万5000円 の 節約ルール

予算の目標を決めたら、それを守るためにどう工夫していくかが
節約のカギ。少しでもマネできそうなことから試してみてくださいね。

予算編 7日間×5週の35日で計算 週予算はざっくり5000円前後

このご時世、夫の給料がトントン拍子に上がることもなく、わが家の家計は相変わらず引き締めモードです。ポイ活も以前ほどたくさんできなくなったり、子どもの食べる量が増えたりと、小さなアップダウンは多々ありつつも、食費予算2万5000円は死守！　日用品費などを含めたやりくり費全体は5万円に抑え、1か月を35日で計算する「スライド式家計簿」という方式で、子ども費や貯金など、必要なお金を貯め残すようにしています。

やりくりPoint

1 1か月35日で予算をたてる

「スライド式家計簿」は、1か月を35日として計算すると、締め日が4〜5日ずつずれて、半年後に1か月分の生活費がまるっと浮く仕組み。ひと月4〜5日も多くてきつい！と思いがちですが、そういうものだと思うと、意外と頑張ってやりくりできるんです。

2 食費財布を作る

家計全部をひとつの財布で管理すると、食費にいくら使ったかわからなくなってしまうので、専用の財布を持つようにしています。週に使えるお金と残金がしっかり目に入ると、今日はここまで使えるという目安がわかって予算が守りやすくなります。

3 カードで払ってポイントを貯める

食費の一部をポイントで充当(詳しくはP8)しているので、支払いはポイントが貯まるクレジットカード払いが基本。少し面倒ですが、買い物後はその都度現金清算する(詳しくはP7)と、残りの予算が目に見えるので、安心してカードが使えます。

4 1週ごとに集計する

家計簿つけは月の最後にまとめる人もいますが、私は週終わりがルール。費目の細かい明細はつけず、合計金額だけ書きます。予算が守れているかその都度確認できるし、買いすぎたときは翌週気を引き締めることができるので、結果的に使いすぎが防げます。

収入

●夫給与(手取り)	約21万円
●ポイ活 (使い方はP8参照)	3〜4万円
●雑収入(メルカリなど)	不定期

支出

●やりくり費	50000円

内訳	食費	25000円
	日用品費	5000円
	レジャー費	12000円
	雑費	8000円

●住居費	65000円
●光熱費	20000円
●通信費	10000円
●子ども費	6000円
●貯金 (貯蓄型保険、ポイントの現金化など)	10万円

1か月2万5000円が必ず守れる
食費財布のすすめ

予算と残金を分けると
使えるお金が明確になります

　節約を始めてからいろいろな方法を試してみましたが、最初の頃は予算が守れず悪戦苦闘。ポイントも貯めたい、お金の流れもわかるようにしたい……と考えて、食費財布を3つに分けて持つことに。この方法だと、実際に使えるお金と週の残金、カード払いした分が混ざらず、とてもわかりやすい！　予算オーバーしてしまう人は、ぜひ参考にしてみて。

 用意するもの

食費財布
ほかの予算と混じらないように食費専用財布を持つのがおすすめ。かさばらない薄型だと持ちやすい！

 **両替用小銭ケース**
クレジットカードの金額を精算するとき、両替やおつりが必要になったときに。

家計簿
週の合計額を書くだけなので100均のもので十分。ノートでもOK。

 カード払い財布
カードの明細と使った金額を入れておきます。最初は中身を可視化できる透明ファスナーケースがおすすめ。

残金財布
予算達成して残った現金を入れます。この分は繰り越し金として、足りないとき自由に使ってOK。

家計簿つけずにポイントも貯まる！
食費財布の使い方

3つの財布を使った予算管理の流れは下の通り。
②〜⑤まで毎週買い物のたびに
繰り返すだけで、使いすぎがなくなります。

① 5000円×5週分を用意
給料日あとに月予算の2万5000円分を1000円札で用意。1週間ずつの予算に分けておきます。

② 5000円分を食費財布に入れる
1週間ごとに清算するので、まずは5000円だけ。このお金以外で食費の買い物はしないこと！

③ 買い物する
支払いは現金かカードで。なるべくカードを使ってポイントを貯めると食費に補填できます。

④ 買い物分を現金で清算
カードで払った金額分を食費財布から抜き、カード払い財布に移動。細かいお金がないときは両替用小銭ケースのお金で精算。

⑤ お金が残ったら残金財布に
週末に食費財布に残った現金は残金財布に移動。翌週足りなくなったらここから補填し、5週目で余ったらお楽しみ費として使ったり貯金しても！

⑥ 週の合計額を家計簿に記入
食費の合計金額だけつけます。日用品費といっしょに支払った場合は、食費と日用品費を分けて記入すると予算が守りやすい。

7

安い定番食材＋月一ポイ活の ルーティン購入で予算内に収めます

買い物はまとめ買い派で、安いお店を数軒はしご。見切り品を求めて夕方出かけたり、休日のお出かけも近くに産直がないか調べたり、オトクな店をつねに探して安く買うようにしています。私が住んでいる大阪市は物価が安く、近所で激安品が買えるのはかなりラッキー。それでもスーパーの底値チェックは欠かさず、余らせやすい食材や割高な食材には手を出さないようにしています。

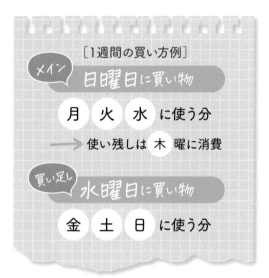

［1週間の買い方例］

メイン 日曜日に買い物

月 火 水 に使う分

⟶ 使い残しは 木 曜に消費

買い足し 水曜日に買い物

金 土 日 に使う分

ねらい目はこれ！

ちょっと鮮度が落ちた見切り品

わが家の節約は、見切り品ありき。肉、魚介類、野菜、果物、食パンなど、あらゆるものは値引きシールつきを見逃さず購入します。

徳用メガパック

業務スーパーに行くと、大容量パックが激安！とくに肉は、あり得ないくらいの値段で買えます。買ったらすぐに冷凍して、鮮度をキープ。

毎月
20日

月1回のルーティン

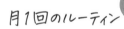

ウエルシアで生鮮品以外をポイント購入

ネットで「ポイ活」という言葉を知り、ポイントが現金同様に使えることを知ってから、節約生活は俄然楽しく豊かになりました。私がおもに貯めているTポイント（2024年春からはVポイントの名称に変更予定）は、ドラッグストアのウエルシアで1ポイント1円で使えるので、毎月20日のポイント1.5倍デーの日に出かけ、乾物や粉類、調味料、加工食品など日持ちがするものをポイント購入（ほかに日用品も）しています。

調味料

粉類

ルウ

加工品

乾物

買う食材は毎週だいたい同じ
安くて使いやすいものを厳選します

肉・魚

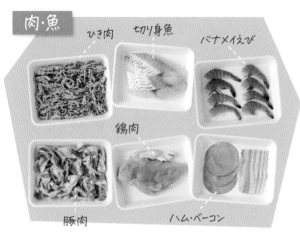

ひき肉　切り身魚　バナメえび

鶏肉

豚肉　ハム・ベーコン

鶏はももか胸、豚はこま切れかバラ。ひき肉が高いときはフードプロセッサーで挽きます。肉の代わりになるハムやベーコンも必ず購入。魚は安い切り身のほか、かさが出て使いやすいバナメえびが定番です。

野菜

じゃがいも　にんじん　ほうれん草

もやし

れんこん

サラダ用野菜や薬味のねぎは毎回購入。だいたい葉野菜1～2種、根菜3～4種、果菜1種くらいを目安にバランスよく購入。節約の王様のもやしもよく買います。

練りもの

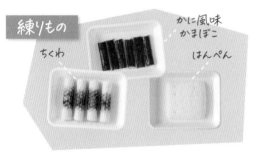

かに風味かまぼこ

ちくわ　　はんぺん

野菜や肉が少し足りなくても、練りものさえあればなんとかなっちゃう強い味方！ ちくわやかに風味かまぼこは副菜に、はんぺんはかさまし食材に大活躍。

乾物

春雨

わかめ

ポイ活で購入できる乾物類は、使い道が広いわかめや春雨を常備。和風や中華のスープ、副菜に欠かせません。味が簡単に決まる韓国のりや味つけのりも便利。

お酒やお菓子はポイントやクーポンが使えるお店で購入

コンビニクーポンは絶対チェック

お酒、お菓子代は、貯めたポイントから捻出。おもにウエルシアかコンビニで購入しますが、夫は自分で貯めたポイントからも買っているようです。コンビニアプリを入れておくとクーポンもよくもらえるので、それらも活用して安く入手しています。

レトルトや冷凍食品ソース類は買わない！

予算が余ったときや、疲れたときは市販のお惣菜も買いますが、レトルト、冷凍食品、ソースやドレッシングのたぐいは食費予算では買いません。便利だけど割高だし、作れるものもたくさん。手間は惜しまずお金は惜しむ、の精神で手作りです！

ムダを出さずに豪華に見せるには
食材の生かし方がポイント

使い切りを徹底する

節約の極意は"安く買って使い切る"、これに尽きると思います。
最近は3日で使い切れる量を買い、その週のうちにほぼ消費。
計画的に使うと、ムダ使いもムダ捨てもなくなります。

1 在庫＆献立メモを作る

買い物前に1枚のメモを用意。上段に在庫(冷蔵冷凍品、常温品すべて!)を書いてから、買い物へ。その時に安いものを購入してから在庫と買ったもので献立を立てています。早く使い切りたい食材から優先的に消費するのがコツ。

食材の種類別に書く。
数字は個数、
赤丸は早く使いたい食材。

}在庫

在庫と買ったもので献立を和洋中で考え、残りでお弁当おかずを決める。

}献立

2 少量ずつ計算して使う

早々と食材を使い切ってしまって足りなくなるのは困るので、どのメニューにどのくらい必要かある程度考え、計画的に使うように心がけています。たとえばもやしなら、$\frac{1}{4}$量ずつ分ければ、4メニューに使えてマンネリ感もなし。

みそ汁に　　　中華スープに

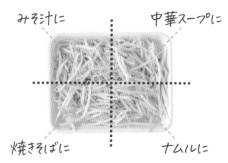

焼きそばに　　　ナムルに

3 翌日の分まで少し多めに作る

使い残しはもちろん、食べ残しも減らすために、多めに作ったおかず、スープは翌朝や翌昼のお弁当にまわしています。料理によってはリメイクすると、違う味になって新鮮!　時短にもなるので一石二鳥です。

夜はスープで　　翌朝はリゾットにリメイク

4 外葉や茎、皮は捨てずに刻んで使う

捨てる部位も、調理法しだいで食材になることを発見。キャベツの外葉、ブロッコリーの茎、大根の皮など固い部分は、細切りや薄切りにするとやわらかくなります。おすすめは鶏胸肉の皮。揚げても煮てもおいしい!

スープに　　　ふりかけに　　　炒めものに

サンドイッチに

かさましで量を増やす

少ない食材でごちそうに見せるには、かさまし
アイデアが欠かせません。包む、はさむ、混ぜる
など、そのときある食材でボリュームアップ！

野菜ではさむ

食パンで
ころもを厚く

チーズを包む

春雨をin!

マッシュポテトで
包む

はんぺん、
豆腐を混ぜる

年じゅう安い食材で副菜を作る

副菜が充実すると、ワンプレートが豪華に見えます。
そこで役立つのが乾物や練りもの、麺類。いつでも
安くてかさが出る、節約献立の強い味方です。

サラスパで

乾燥わかめで

ちくわで

冷蔵庫の中は置く場所を決めて
どこに何があるかすぐわかるように収納

3〜4日で使い切れる量しか買わないからすっきり！

　冷蔵庫収納と節約は大いに関係あり！　何がどれだけあって、いつまでに使わなければいけないかを把握するためにも、すっきり冷蔵庫はマストなのです。写真の状態は、まとめ買い当日のもの。買ったものをその週で使い切るようにすれば、3日分買ってもこの通り。在庫確認もスムーズです。

冷蔵室

加工品ゾーン
ハム、ベーコン、ちくわ、かにかまなど、加工品と練りものは、カゴに立てて収納すると在庫が一目瞭然。

下ごしらえ・残りものゾーン
前週に使い残した食材や、下ゆで、下味つけなど、途中まで下ごしらえ済みのものはここが定位置。

朝食セット・薬味ゾーン
バター、ヨーグルト、ふりかけ、くだものなど朝食で使うもののほか、紅しょうがなどの薬味系はここに。

すぐ使うゾーン
その日や翌日までに使う肉や魚、麺類、厚揚げなどを置くスペース。調理して使ったらこのゾーンは空っぽに。

ドアポケット

小袋系は吊るすと見やすい！
　うっかりすると賞味期限切れになりやすい、小袋入りの食材。ドアポケットの下に粘着キャッチを貼ってミニ突っ張り棒を渡し、クリップを通して浮かせ収納にすると使い忘れません。

乾燥しないように包んで立てる。使い残しもまとめておきます

　野菜室のルールも冷蔵室と同じ。およその定位置を作り、使い残しもちゃんと目に入るようにしておきます。見切り品も買うので、鮮度をキープすることも大切。低温や乾燥に弱い野菜はペーパーで包み、根菜は畑にあったように立てたり。野菜の性質に合わせて保存すると持ちが違います。

薬味・半端ゾーン
にんにく、しょうがのほか、半端野菜はここにまとめ、チャーハンやカレーで消費。

小物ゾーン
ミニトマト、ピーマン、オクラなどコロコロするものは上段のトレーに。ブロッコリーやかぼちゃは下段に。

野菜室

土曜日はほぼカラっぽ！

立てる野菜ゾーン
にんじんなど、背があまり高くない細長いものは、立てて保存したほうが長持ち。

大物ゾーン
じゃがいも、玉ねぎは紙で包んでポリ袋に。細ねぎやごぼうは奥に。

手作り編 野菜、ドレッシングなど 作ったほうが安いものは自分で調達!

野菜代の足しになる家庭菜園。夏野菜を中心に挑戦しています

アパート暮らしの頃から挑戦してきた家庭菜園。買ったら10枚98円の大葉が、苗なら1ポット98円で何十枚も取り続けられるので、コスパを考えるとやらない手はありません! 庭のないわが家は玄関先のプランター栽培が精いっぱいですが、まずまずの節約効果が出ました。再生栽培など、来年はもっと育てようともくろんでいます。

パセリ

ピーマン

大葉

ミニトマト

サラダのドレッシングは調味料を混ぜるだけ!

ワンプレート献立はサラダをいつも添えていますが、市販のドレッシングは買いません。なぜなら高いから! 調味料を混ぜれば簡単に作れるので、和洋中の3種のレシピを献立に合わせて使い分けています。

和風ドレッシング

材料(作りやすい分量)
サラダ油 … 大さじ2
Ⓐしょうゆ … 小さじ2
　酢・めんつゆ(2倍濃縮) … 各大さじ½
Ⓑ砂糖 … 小さじ½
　おろししょうが … 小さじ¼
　白すりごま … 大さじ1

作り方
ボウルにサラダ油を入れ、Ⓐを少しずつ加える。分離しないようにしっかり混ぜたら、Ⓑを加えて混ぜる。

洋風ドレッシング

材料(作りやすい分量)
マヨネーズ … 大さじ2
牛乳・粉チーズ … 各大さじ1
レモン汁 … 小さじ½
砂糖 … 小さじ⅓
おろしにんにく … 小さじ¼
塩 … ひとつまみ
粗びき黒こしょう … 少々

作り方
ボウルにすべての材料を入れてよく混ぜる。

中華ドレッシング

材料(作りやすい分量)
ごま油 … 大さじ2
Ⓐしょうゆ … 大さじ1
　酢 … 大さじ½
Ⓑ砂糖 … 小さじ1
　おろしにんにく … 小さじ¼
　白いりごま … 大さじ1

作り方
ボウルにごま油を入れ、Ⓐを少しずつ加える。分離しないようにしっかり混ぜたら、Ⓑを加えて混ぜる。

3食そのままマネできる！
35日の献立大公開

食材を3食にムダなく使いまわすと、低予算でも豪華献立になります！ 5週間分、ぜひ参考に。

1週目

One Plate Recipe

からっぽの
冷蔵庫からスタート！
予算5000円＋ポイントで
使い切れる分だけ
買い物します

● 今週の買い物

◎赤字は見切り品

日曜日に購入
¥4098

[肉・魚]
鶏胸肉5枚1550g ¥806
◎豚こま切れ肉1200g ¥752
[野菜・くだもの]
キャベツ ¥138
にんじん3本 ¥128
ブロッコリー ¥128
白菜½個 ¥159
もやし ¥29

ほうれん草 ¥138
細ねぎ ¥98
しょうが ¥98
リーフレタス ¥148
ミニトマト ¥228
◎キウイ ¥98
りんご ¥128
◎小松菜 ¥69

[その他]
かに風味かまぼこ ¥58
卵 ¥228
ちくわ ¥58
ベビーチーズ2袋 ¥176
豆腐3パック ¥58
牛乳 ¥179
食パン6枚切り ¥78
プレーンヨーグルト ¥118

水曜日に買い足し
¥1267

[肉・魚]
さば ¥398
[野菜・くだもの]
◎じゃがいも5個 ¥98
◎玉ねぎ2個 ¥78
◎小松菜 ¥118
◎なす3本 ¥138
豆苗 ¥88

長ねぎ ¥88
[その他]
厚揚げ ¥65
かに風味かまぼこ ¥58
ベーコン ¥138

合計 ¥5365（税抜）

¥0 食材

ウエルシアでポイント購入

[今週使うもの]
● ツナ缶
● 乾燥ひじき
● 紅しょうが
● ヤングコーン
● トマト缶
● スパゲティ
● 乾燥春雨
● サラダスパゲティ
● 乾燥わかめ
● 梅干し
● 味つけのり
● 塩昆布
● ピザ用チーズ

おうち菜園で収穫

● パセリ
● 大葉

1 週目の献立リスト

※❖印は前日の夜などに多めに作りおきしたメニュー
※「前夜のリメイク」は前日の夜の残りをアレンジしたメニュー
※サラダはその日にある生野菜を添えるだけ

	朝	昼	夜
月	●梅塩昆布おにぎり ❖くずし豆腐のごまみそスープ	*前の週の残り* ❖胸肉のり巻き ❖焼きかぼちゃ ❖和風かにかまポテトサラダ ●ミニトマトののりわさびあえ	●甘酢チキン ●もやしと小松菜のナムル ●キャベツの高菜風サラスパ ●豆腐と白菜の中華卵スープ ●サラダ
火	●高菜風おにぎり ❖豆腐と白菜の中華卵スープ	❖甘酢チキン ❖もやしと小松菜のナムル ❖キャベツの高菜風サラスパ ●かにかまのり巻き天 ●ミニトマト	●豚こまチーズだんご 焼きキャベツ添え ●にんじんのさっぱり白だしあえ ●ブロッコリーのポン酢あえ ●豆腐のとろみしょうがスープ ●サラダ
水	●デミ玉チーズトースト ●キウイヨーグルト	❖豚こまチーズだんご ❖ブロッコリーのポン酢あえ ●ちくわののりゆずごしょう巻き ●白菜の梅肉おかかあえ ●ミニトマト	●照りマヨ丼 *ラクチンday* ❖にんじんのさっぱり白だしあえ ●ほうれん草と白菜の和風ツナあえ ●豆腐とわかめのスープ ●サラダ
木	●ブロッコリーの茎と 卵のサンドイッチ ●りんごヨーグルト	●紅しょうがとツナの落とし揚げ ❖ほうれん草と白菜の和風ツナあえ ●ブロッコリーのおかかしょうが ●甘辛チーズちくわ ●ミニトマト	●ベーコンポテトコロッケ ●トマトの冷製ガーリックサラスパ ●小松菜とコロコロチーズのめんつゆあえ ●キャベツとかにかまのうまマヨあえ ●サラダ
金	●じゃがベーコンの カレーマヨトースト ●キウイヨーグルト	❖ベーコンポテトコロッケ ❖キャベツとかにかまのうまマヨあえ ●玉ねぎのバターしょうゆソテー ●かにかまチーズのり巻き ●ミニトマト	●さばのみそ煮 ●にんじんのうまごまあえ ●ひじきと厚揚げの梅しょうゆ煮 ●白菜とかにかまのみそ汁 ●サラダ
土	❖梅ひじきおにぎり ❖白菜とかにかまのみそ汁	●豚こまと長ねぎの和風パスタ	●オムライス ホワイトソース ❖にんじんのうまごまあえ ●たっぷり野菜のミネストローネ ●サラダ
日	❖トマトリゾット(前夜のリメイク) ●キウイ&りんご	●高菜風チャーハン ●のり塩鶏皮 ●サラダ	●なすのはさみ焼き ●豆苗とツナの中華あえ ●わかめとかにかまの春雨サラダ ●白菜と卵の酸辣湯風 ●サラダ

月曜日にコレ作ります!

捨てがちな
キャベツ外葉で
高菜風炒め

キャベツの外葉4枚(200g)は繊維を断つように細切りにし、塩小さじ½をもみ込む。10分ほどおいて水けを絞る。フライパンにごま油大さじ1、赤唐辛子の輪切り少々を入れて火にかけ、キャベツの外葉を加えて軽く炒める。しょうゆ・酒・みりん各小さじ2、酢小さじ1を加えて調味し、汁けがなくなったら白いりごま大さじ1を加えて混ぜる。

朝 梅塩昆布おにぎりセット (P32)

昼 胸肉のり巻き弁当 (P30)

夜 ## 甘酢チキン献立 1人分 ¥101

1週目のスタートは、子どもが好きな胸肉を使った献立から。
捨てがちなキャベツの外葉は、買い物後すぐ炒めておくのがコツ。
サラスパや朝食のおにぎりなどに使いまわせて便利です。

サラダ

キャベツの
高菜風サラスパ

豆腐と白菜の
中華卵スープ

甘酢チキン

もやしと
小松菜のナムル

Point & Advice

- 鶏胸肉はたたくと繊維が壊れ、パサつかない
- 捨てがちなキャベツの外葉で副菜一品完成
- ナムルの野菜は時間のあるときにレンチンまで済ませても！

鶏皮は
保存！

メガパックで買った鶏胸肉の皮は、まとめて外して冷凍保存。週末に使います。

甘酢チキン

材料（3人分＋翌日弁当分）
鶏胸肉 … 大1枚（350g）
片栗粉 … 大さじ3
Ⓐ しょうゆ・みりん・白いりごま … 各大さじ1
オイスターソース・酢・ごま油 … 各小さじ1
砂糖 … 小さじ½
おろししょうが … 小さじ½
細ねぎ（小口切り） … 少々
サラダ油 … 大さじ2

作り方
①鶏肉は厚みのある部分を開いてラップをかぶせ、めん棒でたたいて厚さを1.5cmほどにする。片栗粉をまぶしてしっかりおさえる。
②フライパンにサラダ油を熱し、①を両面焼く。
③耐熱ボウルにⒶを入れて軽く混ぜ、電子レンジで1分加熱する。②を切り分けて器に盛り、Ⓐをかけて細ねぎを散らす。

キャベツの高菜風サラスパ

材料（3人分＋翌日弁当分）
高菜風炒め（作り方P15） … 40g
サラダスパゲティ … 100g
Ⓐ 白だし … 大さじ1
ごま油 … 小さじ2
塩 … ひとつまみ
赤唐辛子（小口切り） … 少々
粗びき黒こしょう … 少々

作り方
①サラダスパゲティは袋の表記通りにゆで、湯をきる。
②ボウルに高菜風炒め、Ⓐ、①を入れてあえる。

もやしと小松菜のナムル

材料（3人分＋翌日弁当分）
もやし … 1袋
小松菜（5cm長さに切る） … 1わ（200g）
Ⓐ 鶏ガラスープの素 … 小さじ1と½
白いりごま … 大さじ1
しょうゆ・酢 … 各小さじ2
砂糖 … 小さじ2
ごま油 … 大さじ½

作り方
①耐熱ボウルにもやし、小松菜を入れ、ラップをかけて電子レンジで4～5分加熱する。すぐに水にさらして水けを固く絞る。
②ボウルにⒶ、①を入れてあえる。

豆腐と白菜の中華卵スープ

材料（3人分＋翌日朝食分）
白菜（1cm幅の細切り） … 2～3枚（200g）
絹ごし豆腐（さいの目に切る） … 150g
卵（溶きほぐす） … 1個
Ⓐ 水 … 4カップ
鶏ガラスープの素 … 小さじ4
オイスターソース … 大さじ1
おろししょうが … 小さじ½

作り方
①鍋にⒶ、白菜、豆腐を入れて火にかけ、煮立ったら弱火にし、白菜が柔らかくなるまで6～7分煮る。
②強火にして静かに混ぜながら溶き卵を流し入れる（半量は翌朝用に残す）。

1 週目 **火**
Tuesday

朝 高菜風おにぎりセット（P32）

昼 甘酢チキン弁当（P30）

夜 # 豚こまチーズだんご献立 1人分¥151

チーズとカレーが食欲をそそる豚こまチーズだんごは、お昼の
お弁当にもぴったり。ポン酢あえのブロッコリーの茎を捨てません!
甘くておいしいので、ゆでて細かく刻み、朝食の卵サンドで使います。

豆腐のとろみしょうがスープ

ブロッコリーの
ポン酢あえ

サラダ

にんじんの
さっぱり白だしあえ

豚こまチーズだんご
焼きキャベツ添え

●豚こまでチーズを包めば、がっつりおかずに大変身♪
●ブロッコリーの茎は捨てずに木曜日の朝食で活用
●スープはとろみ＋しょうがでごちそう感アップ

豚こまチーズだんご焼きキャベツ添え

豚肉を広げて十字に置き、チーズをのせて包むだけ。簡単にかさましできます。

材料(3人分＋翌日弁当分)
豚こま切れ肉 … 300g
ベビーチーズ(半分に切る) … 5個
キャベツ(芯ごと縦5等分のくし形切り) … ⅓個(450g)
塩・こしょう … 各少々
片栗粉 … 大さじ1
Ⓐ しょうゆ・みりん … 各大さじ1と½
　砂糖 … 大さじ½
　カレー粉 … 小さじ½
サラダ油 … 大さじ1

作り方
①フライパンにサラダ油小さじ1を熱し、キャベツを並べる。塩、こしょうをふり、焼き色がついたら上下を返す。ふたをして7〜8分ほど蒸し焼きにしたらいったん取り出す。
②豚肉は10等分にして、それぞれチーズ1切れを真ん中に入れて丸める。片栗粉をまぶす。
③フライパンにサラダ油小さじ2を熱し、②を並べる。片面に焼き色がついたらふたをし、3〜4分蒸し焼きにする。Ⓐを加え、とろみがつくまでからめる。
④器に盛り、①を添える。

にんじんのさっぱり白だしあえ

材料(3人分＋翌日夕食分)
にんじん(ピーラーでむく) … 1本(150g)
白だし・オリーブ油 … 各大さじ1
塩 … ひとつまみ
おろししょうが・酢 … 各小さじ⅓

作り方
①ボウルにすべての材料を入れてあえ、10分ほどおく。器に盛り、好みで粗びき黒こしょうをふる。

ブロッコリーのポン酢あえ

材料(3人分＋翌日弁当分)
ブロッコリー(小房に切り、茎は翌々日朝食用に残す)
　… ½個(150g)
Ⓐ ポン酢しょうゆ … 大さじ1
　ごま油 … 小さじ1
　砂糖 … 小さじ½
　白すりごま … 小さじ2

作り方
①ブロッコリーは塩ゆでし、水けをきって小さく切る。
②ボウルに①、Ⓐを入れてあえる。

豆腐のとろみしょうがスープ

材料(3人分)
絹ごし豆腐(さいの目に切る) … 150g
細ねぎ(5cm長さに切る) … 5〜6本
Ⓐ 水 … 2カップ
　白だし … 大さじ2
　しょうゆ … 小さじ1
　みりん … 小さじ2
　塩 … 小さじ¼
片栗粉(同量の水で溶く) … 小さじ2
おろししょうが … 小さじ1

作り方
①鍋にⒶ、豆腐、細ねぎの下の部分を入れて火にかけ、煮立ったら弱火にし、2〜3分ほど煮る。
②細ねぎの残りの部分を加えて、水溶き片栗粉を回し入れ、軽く混ぜる。とろみがついたら強火にし、煮立ったら火を止める。
③器に盛り、おろししょうがをのせる。

 朝 デミ玉チーズトーストセット（P32）

昼 豚こまチーズだんご弁当（P30）

夜 # 照リマヨ丼献立 1人分¥136

少ない食材&時短で作れる簡単丼プレートは、お疲れモードな
週半ばの献立にぴったり。仕上げの手作りマヨソースで手抜き感なく
おいしく食べられます。副菜1品は前日の作り置きだからラク！

豆腐とわかめのスープ

にんじんの
さっぱり白だしあえ
作り方 P19

サラダ

ほうれん草と
白菜の和風ツナあえ

照リマヨ丼

● 手作りマヨソースでご飯がガツンとすすむ♪
● 鶏肉は10分以上漬けるとさらに柔らか
● あえもの野菜の下ゆではすき間時間に終わらせても

照りマヨ丼

材料(3人分)
鶏胸肉(ひと口大のそぎ切り) … 1枚(300g)
キャベツ(せん切り) … 2〜3枚(150g)
Ⓐ マヨネーズ … 大さじ1
酒 … 小さじ2
片栗粉 … 大さじ3
Ⓑ しょうゆ … 大さじ1と½
酢・みりん … 各大さじ1
砂糖 … 小さじ2
Ⓒ マヨネーズ … 大さじ2
牛乳 … 小さじ1
砂糖 … 小さじ½
おろしにんにく … 小さじ⅓
温かいご飯 … 適量
白いりごま・細ねぎ(小口切り) … 各少々
サラダ油 … 小さじ2

作り方
❶ボウルに鶏肉、**Ⓐ**を入れてもみ込み、10分以上おく。片栗粉を加えて軽く混ぜる。**Ⓒ**は混ぜ合わせておく。
❷フライパンにサラダ油を熱し、❶の鶏肉を両面焼く。火が通ったら**Ⓑ**を加えて強火で煮からめる。
❸丼にご飯を盛り、キャベツ、❷を順にのせる。**Ⓒ**のマヨソースをかけ、白いりごま、細ねぎを散らす。

残った油も
使える!

memi's
Column

鶏皮は焼きつけて
おかず&炒め油に使う

何かと使える鶏皮。じっくり焼くとおいしいおかずになりますが、焼いたときに出る油も風味あり!(P31のり塩鶏皮参照)
5枚で約大さじ1とれるので、炒め油にもおすすめです。

ほうれん草と白菜の
和風ツナあえ

材料(3人分＋翌日弁当分)
ほうれん草 … 1わ(200g)
白菜(1cm幅の細切り) … 3〜4枚(250g)
Ⓐ ツナ缶(軽く油をきる) … 50g
しょうゆ・ごま油 … 各小さじ1
めんつゆ(2倍濃縮) … 小さじ2
和風顆粒だしの素・砂糖 … 各小さじ½
白すりごま … 大さじ2

作り方
❶ほうれん草は1分ほど塩ゆでして冷水にとり、水けを絞って5cm長さに切る。
❷耐熱ボウルに白菜を入れ、ふんわりラップをかけて電子レンジで3〜4分加熱する。水にさらし、固く絞る。
❸ボウルに❶、❷、**Ⓐ**を入れてあえる。

豆腐とわかめのスープ

材料(3人分)
絹ごし豆腐(さいの目切り) … 80g
乾燥わかめ … 大さじ1
玉ねぎ(薄切り) … ⅛個
水 … 2カップ
めんつゆ(2倍濃縮) … 大さじ2
しょうゆ・みりん … 各小さじ1
塩 … 小さじ¼
おろししょうが … 小さじ⅓

作り方
❶鍋にすべての材料を入れて火にかけ、煮立ったら弱火にし、2〜3分煮る。

朝 ブロッコリーの茎と卵のサンドイッチセット(P32)

昼 紅しょうがとツナの落とし揚げ弁当(P30)

夜 # ベーコンポテトコロッケ献立 1人分¥148

コロコロの見た目がかわいいベーコンポテトコロッケは、家族に大人気!
肉、魚を使わず作れて絶品です。たね作りに少し時間がかかるので、
夕食のしたくまでに合間を見て仕込んでおくとスムーズに作れます。

トマトの冷製ガーリックサラスパ

サラダ

キャベツとかにかまのうまマヨあえ

小松菜とコロコロチーズのめんつゆあえ

ベーコンポテトコロッケ

ベーコンポテトコロッケ

材料（3人分＋翌日弁当分）

じゃがいも（1㎝幅の半月切りにして
　　水にさらす）… 3個（300g）
玉ねぎ（薄切り）… ½個
ベーコン（1㎝幅の薄切り）… 5枚
塩・こしょう … 各少々
Ⓐ 小麦粉 … 大さじ3
　 バター … 20g
牛乳 … ¾カップ
顆粒コンソメ … 小さじ1
Ⓑ 小麦粉 … 30g
　 水 … 大さじ3
　 マヨネーズ … 大さじ1
パン粉 … 適量
サラダ油 … 適量

作り方

❶耐熱ボウルに玉ねぎ、水けをきったじゃがいもを順に入れ、ふんわりラップをかけて電子レンジで7～8分加熱する。水けをきり、塩、こしょうをふって熱いうちにマッシャーで潰す。

❷クリームソースを作る。耐熱ボウルにⒶを入れ、ラップをかけずに電子レンジで40秒加熱する。取り出してすぐ混ぜ、牛乳を少量ずつ加えながら混ぜる。顆粒コンソメを加え、さらに1分加熱して混ぜ、とろみがつくまで20秒ずつ加熱して混ぜるを繰り返す。

❸❷に❶、ベーコンを加えて混ぜ、バットに移して粗熱をとり、冷蔵室で30分以上冷やす。12等分にして手にサラダ油をつけ、丸く成形する。合わせたⒷ、パン粉の順にころもをつける。

❹鍋にサラダ油を深さ5㎝ほど入れて180℃に熱し、❸をきつね色になるまで揚げる。器に盛り、好みでみじん切りにしたパセリを飾る。

小松菜と
コロコロチーズの
めんつゆあえ

材料（3人分）

小松菜（5㎝長さに切る）… 1わ（200g）
ベビーチーズ（1㎝角に切る）… 2個
Ⓐ めんつゆ（2倍濃縮）… 大さじ1
　 しょうゆ … 小さじ½
　 粉チーズ … 小さじ1
　 粗びき黒こしょう … 少々

作り方

❶耐熱ボウルに小松菜を入れ、ラップをかけて電子レンジで3分加熱する。水にさらして粗熱を取り、固く絞る。

❷ボウルに戻し、チーズ、Ⓐを加えてあえる。

トマトの冷製
ガーリックサラスパ

材料（3人分）

ミニトマト（ヘタを取り半分に切る）… 8個
サラダスパゲティ … 100g
Ⓐ オリーブ油 … 大さじ1と½
　 白だし … 小さじ2
　 しょうゆ・はちみつ・レモン汁
　　 … 各小さじ½
　 おろしにんにく … 小さじ⅓
塩 … ひとつまみ
大葉（せん切り）… 3枚

作り方

❶サラダスパゲティは袋の表記通りにゆで、冷水にさらし水けをしっかりきる。

❷ボウルにⒶを入れてよく混ぜ、❶、ミニトマトを加えてあえる。塩で味をととのえる。

❸器に盛り大葉を添え、好みで粗びき黒こしょうをふる。

キャベツと
かにかまのうまマヨあえ

材料（3人分＋翌日弁当分）

キャベツ（太せん切り）… 3～4枚（250g）
かに風味かまぼこ（手で割く）… 4本
塩 … 小さじ⅓
Ⓐ マヨネーズ … 大さじ3
　 鶏ガラスープの素 … 小さじ½
　 砂糖 … 小さじ½
　 ごま油 … 小さじ2
　 白いりごま … 大さじ1

作り方

❶ボウルにキャベツ、塩を入れてもみ込み、5分ほどおく。しんなりしたら水けを固く絞る。

❷ボウルに❶、かに風味かまぼこ、Ⓐを入れてあえる。

23

朝 じゃがベーコンのカレーマヨトーストセット (P33)

昼 ベーコンポテトコロッケ弁当 (P31)

夜 # さばのみそ煮献立 1人分¥106

見た目が地味になりやすい魚の和食メニューも、ワンプレート盛りに
するとテンションアップ♪　副菜のひじき煮は、梅味でちょっと変化を。
いつものひじきの煮ものに飽きたら、ぜひ試してほしい一品です。

にんじんのうまごまあえ

白菜とかにかまの
みそ汁

サラダ

さばのみそ煮

ひじきと厚揚げの
梅しょうゆ煮

Point & Advice
- さばは下処理をていねいにすると臭みなし
- みそ煮に厚揚げを入れてボリュームアップ
- 今日のメニューはすべて作りおきOK!

さばのみそ煮

材料（3人分）
さば（3等分に切り、皮目に切り込みを入れる）… 半身
Ⓐ水 … ½カップ
　みそ … 大さじ2
　酒 … 大さじ4
　しょうゆ … 小さじ2
　みりん … 大さじ2
　砂糖 … 大さじ3
しょうが（薄切り）… 1かけ
厚揚げ（8等分に切る）… 1枚（110g）
長ねぎ（白髪ねぎにする）… ⅓本

作り方
❶さばは皮目を上にしてボウルに入れ、全体が浸かるまで熱湯を回しかける。表面が白くなったら水にさらし、菜箸の先で血合いや汚れをしっかり取り除き、ペーパータオルで水けを拭き取る。
❷フライパンにⒶを入れて強火にかけ、煮立ったらしょうがを入れ、❶の皮目を上にして並べる。2〜3分煮てアクを取り、落としぶたをして弱めの中火で10分煮る。
❸落としぶたを取って厚揚げを加え、中火にして1〜2分煮詰める。器に盛り、白髪ねぎを添える。

にんじんのうまごまあえ

材料（3人分＋翌日夕食分）
にんじん（細切り）… 1本（150g）
Ⓐマヨネーズ … 大さじ2
　めんつゆ（2倍濃縮）… 大さじ1
　白すりごま … 大さじ2

作り方
❶耐熱ボウルににんじんを入れ、ふんわりラップをかけて電子レンジで3分加熱する。粗熱をとる。
❷ボウルに❶、Ⓐを入れてあえる。

ひじきと厚揚げの梅しょうゆ煮

材料（3人分＋翌日朝食分）
乾燥ひじき（水でもどして固く絞る）… 大さじ4
にんじん（細切り）… ⅓本（50g）
厚揚げ（短冊切り）… 1枚（110g）
ちくわ（輪切り）… 1本
Ⓐ梅干し（塩分6%・種を取りたたく）… 3個（20g）
　しょうゆ … 大さじ1
　みりん … 大さじ½
　和風顆粒だしの素 … 小さじ⅓
　水 … ¾カップ
サラダ油 … 小さじ½

作り方
❶フライパンにサラダ油を熱し、にんじんを軽く炒める。
❷ひじき、厚揚げ、ちくわを加えて炒め合わせ、Ⓐを加える。強火にして汁けがなくなるまで煮る（150gは翌朝用に残す）。

白菜とかにかまのみそ汁

材料（3人分＋翌日朝食分）
白菜（1cm幅に切る）… 2〜3枚（200g）
かに風味かまぼこ（手で割く）… 4本
Ⓐ水 … 4カップ
　和風顆粒だしの素 … 小さじ1と⅓
　みりん … 大さじ1
　おろししょうが … 小さじ½
みそ … 大さじ4
細ねぎ（小口切り）… 少々

作り方
❶鍋に白菜、かに風味かまぼこ、Ⓐを入れて火にかけ、煮立ったら弱火にして6〜7分煮る。
❷みそを溶かし入れて器に盛り、細ねぎをのせる（半量は翌朝用に残す）。

朝 梅ひじきおにぎりセット (P33)

昼 豚こまと長ねぎの和風パスタ (P31)

夜

オムライス ホワイトソース献立 1人分¥134

オムライス献立はわが家の定番メニュー。目先を変えたいときは、
ホワイトソースにするとマンネリ感がなくなります。具だくさんのスープは、
翌朝リゾットにアレンジして二度楽しみます♪

たっぷり野菜の
ミネストローネ

にんじんのうまごまあえ
作り方 P25

サラダ

オムライス
ホワイトソース

- ホワイトソースはレンチンで時短簡単!
- 半端食材はオムライスの具とスープで消費
- ミネストローネは多めに作って翌朝のリゾットに

オムライス ホワイトソース

材料(3人分)
鶏胸肉(小さく切る) … ½枚(150g)
にんじん(みじん切り) … ⅓本(50g)
玉ねぎ(みじん切り) … ½個
塩・こしょう … 各少々
トマトケチャップ … 大さじ3と½
温かいご飯 … 茶碗2.5杯分(400g)
Ⓐ小麦粉 … 大さじ2
│バター … 15g
牛乳 … 1カップ
顆粒コンソメ … 小さじ1
Ⓒ卵 … 3個
│牛乳 … 大さじ2
│マヨネーズ … 小さじ2
│塩 … 少々
サラダ油 … 小さじ4

レンジで作れる簡単ホワイトソース。牛乳は少しずつ混ぜるとダマになりません。

作り方
❶フライパンにサラダ油小さじ1を熱し、鶏肉を炒める。肉の色が変わったらにんじん、玉ねぎを加えて塩、こしょうをふり、炒め合わせる。野菜がしんなりしたらトマトケチャップ、ご飯を加えて混ぜ、器に盛る。
❷ホワイトソースを作る。耐熱ボウルにⒶを入れ、ラップをかけずに電子レンジで40秒加熱する。取り出してすぐ混ぜ、牛乳を少量ずつ加えながら混ぜる。顆粒コンソメを加え、さらに1分30秒加熱して混ぜ、とろみがつくまで30秒ずつ加熱して混ぜるを繰り返す。
❸フライパンにサラダ油小さじ1を熱し、混ぜ合わせたⒸの⅓量を流し入れる。フライパンをゆすりながら菜箸で混ぜ、表面が軽く固まったら弱火にし、底部分がしっかり固まったら火を止める。残りも同様にして作り❶にのせ、❷をかける。好みでみじん切りにしたパセリ、粗びき黒こしょうをふる。

たっぷり野菜のミネストローネ

材料(3人分+翌日朝食分)
ベーコン(1cm幅に切る) … 4枚
キャベツ(太せん切り) … 1枚(50g)
にんじん(短冊切り) … ⅓本(50g)
玉ねぎ(薄切り) … ⅕個
なす(1cm幅の輪切り) … 1本
Ⓐ水煮トマト缶 … 1缶(400g)
│水 … 1と½カップ
│顆粒コンソメ・砂糖 … 各大さじ1
│しょうゆ … 小さじ2
│みりん … 大さじ2
│おろしにんにく … 小さじ½
│ローリエ … 1枚
粉チーズ … 少々
サラダ油 … 小さじ1

作り方
❶深めの鍋にサラダ油を熱し、ベーコンを炒める。焼き色がついたらキャベツ、にんじん、玉ねぎを加えて炒め、全体に油がまわったらなすを加えて軽く炒める。
❷Ⓐを加え、煮立ったら弱火にして10分煮る。器に盛り、粉チーズをかける(300g分は翌朝用に残す)。

1 週目 日 **S**unday

朝 トマトリゾットセット(P33)

昼 高菜風チャーハン献立(P31)

夜 **なすのはさみ焼き献立** 1人分¥*141*

ひき肉を買いたいけど、ちょっと高い……そんなときは、安い豚こまを
フープロでひいて節約。副菜の豆苗は、根元を捨てずに再生栽培に挑戦！
水につけるとまた芽が伸びて、もう一度使えるんですよ。

白菜と卵の酸辣湯風

サラダ

わかめとかにかまの
春雨サラダ

豆苗とツナの
中華あえ

なすのはさみ焼き

なすのはさみ焼き

材料（3人分＋翌日弁当分）
豚こま切れ肉 … 250g
なす … 2本
片栗粉 … 大さじ1
大葉（みじん切り） … 5枚
Ⓐ しょうゆ … 小さじ1
　酒・片栗粉 … 各小さじ2
　おろししょうが … 小さじ⅔
Ⓑ しょうゆ・みりん … 各大さじ1と½
　砂糖 … 小さじ1と½
サラダ油 … 大さじ1

肉だねをなすではさんで大きくします。なすにまぶした片栗粉が接着剤がわり。

作り方
❶ 豚肉はフードプロセッサーでひいてひき肉にする（フードプロセッサーがない場合は細かくたたく）。
❷ なすはピーラーで皮を縞目にむいて1cm幅の輪切りにし（2本で20切れ作る）、水にさらす。ペーパータオルで水けを拭き、両面に片栗粉をまぶす。
❸ ボウルに❶、大葉、Ⓐを入れて混ぜ、10等分にする。丸くととのえ、2枚1組にしたなすではさむ（肉だねの周囲を押さえて形をととのえる）。
❹ フライパンにサラダ油を熱し、❸を並べる。焼き色がついたら上下を返してふたをし、弱めの中火で4〜5分蒸し焼きにする。Ⓑを加えて煮からめる。

豆苗とツナの中華あえ

材料（3人分）
豆苗 … 1袋
ツナ缶 … 1缶(70g)
Ⓐ 鶏ガラスープの素 … 小さじ½
　白すりごま … 大さじ1

作り方
❶ 豆苗は5cm長さに切り、根元は水につけて再生栽培する（P69コラム参照）
❷ ボウルに水けを拭いた豆苗、Ⓐ、ツナを缶汁ごと入れてあえる。

わかめとかにかまの春雨サラダ

材料（3人分＋翌日弁当分）
乾燥わかめ … 大さじ2
乾燥春雨 … 40g
かに風味かまぼこ（手で割く） … 4本
水 … 1カップ
Ⓐ ポン酢しょうゆ … 大さじ1
　しょうゆ・ごま油 … 各小さじ2
　砂糖 … 小さじ½
　おろししょうが … 小さじ⅓
　白すりごま … 大さじ1

作り方
❶ 耐熱ボウルに乾燥したままのわかめ、春雨、水を入れ、ふんわりラップをかけて電子レンジで4分加熱する。軽く混ぜ、5分ほどおいて水にさらし、固く絞る。
❷ ボウルに❶、かに風味かまぼこ、Ⓐを入れてあえる。

白菜と卵の酸辣湯風（サンラータン）

材料（3人分）
白菜（1cm幅に切る） … 2〜3枚(200g)
卵（溶きほぐす） … 1個
Ⓐ 水 … 2カップ
　鶏ガラスープの素 … 大さじ1
　しょうゆ・酒・みりん … 各大さじ1
片栗粉（同量の水で溶く） … 小さじ2
細ねぎ（小口切り） … 少々
酢 … 大さじ1
ごま油 … 小さじ2

作り方
❶ 鍋に白菜、Ⓐを入れて火にかけ、煮立ったら弱火にして7〜8分煮る。水溶き片栗粉を加えて混ぜる。
❷ とろみがついたら強火にし、❶をゆっくり混ぜながら溶き卵を回し入れる。酢、ごま油を加え、好みでこしょう、ラー油をかけ、細ねぎをのせる。

1 週目 の 昼ごはん
Lunch

月 胸肉のり巻き弁当

1人分¥83

焼きかぼちゃ
作り方 P113

和風かにかま
ポテトサラダ
作り方 P113

胸肉のり巻き
作り方 P113

ミニトマトの
のりわさびあえ
作り方 P119

火 甘酢チキン弁当

1人分¥70

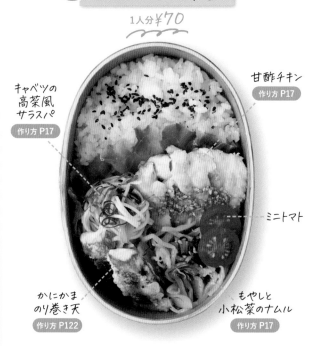

キャベツの
高菜風
サラスパ
作り方 P17

甘酢チキン
作り方 P17

ミニトマト

かにかま
のり巻き天
作り方 P122

もやしと
小松菜のナムル
作り方 P17

水 豚こまチーズだんご弁当

1人分¥107

白菜の梅肉
おかかあえ
作り方 P118

豚こま
チーズだんご
作り方 P19

ちくわの
のりゆずごしょう巻き
作り方 P122

ブロッコリーの
ポン酢あえ
作り方 P19

ミニトマト

木 紅しょうがとツナの落とし揚げ弁当

1人分¥100

ブロッコリーの
おかかしょうが
作り方 P119

紅しょうがとツナの
落とし揚げ
作り方 P120

甘辛
チーズちくわ
作り方 P122

ミニトマト

ほうれん草と
白菜の
和風ツナあえ
作り方 P21

金　ベーコンポテトコロッケ弁当

1人分￥89

- ミニトマト
- 玉ねぎの バターしょうゆソテー 作り方 P119
- キャベツと かにかまの うまマヨあえ 作り方 P23
- ベーコン ポテトコロッケ 作り方 P23
- かにかま チーズのり巻き 作り方 P121

日　高菜風チャーハン献立

1人分￥79

- サラダ
- 高菜風 チャーハン
- のり塩鶏皮

高菜風チャーハン

材料（3人分）
高菜風炒め（作り方P15）… 100g
卵（溶きほぐす）… 1個
温かいご飯 … 茶碗3杯分（450g）
Ⓐ鶏ガラスープの素 … 小さじ2
　しょうゆ … 大さじ1
紅しょうが・白いりごま … 各少々
ごま油（のり塩鶏皮から出た油でもよい）
　… 大さじ1

作り方
❶フライパンにごま油を熱し、溶き卵を流し入れる。軽く混ぜ、半熟程度に火が通ったらご飯を加えて炒め合わせる。
❷高菜風炒めを加えて混ぜ、Ⓐを加えて調味する。
❸器に盛り、紅しょうが、白いりごまをふる。

土　豚こまと長ねぎの和風パスタ

1人分￥71

材料（3人分）
豚こま切れ肉 … 200g
長ねぎ（斜め切り）… ½本
スパゲティ … 250g
Ⓐ白だし … 大さじ2
　めんつゆ（2倍濃縮）… 大さじ1
　おろしにんにく … 小さじ⅓
　みりん … 大さじ1
ごま油 … 大さじ½
バター … 5g
塩・こしょう・白いりごま
　… 各少々
細ねぎ（小口切り）… 2～3本
サラダ油 … 小さじ1

作り方
❶鍋に水7と1/2カップ、塩大さじ½（分量外）を入れ、スパゲティを袋の表記通りにゆでる。
❷フライパンにサラダ油を熱し、豚肉を炒めて塩、こしょうをふる。肉の色が変わったら長ねぎを加えて炒め合わせ、❶のゆで汁大さじ3、Ⓐを加えて混ぜる。
❸湯を切った❶を加えて強火で炒め、ごま油、バターを加えて全体にからめる。
❹器に盛り、細ねぎ、白いりごまをふる。好みで粗びき黒こしょうをふる。

のり塩鶏皮

材料（3人分）
鶏皮（ひと口大に切る）… 5枚分
長ねぎの青い部分 … 1本分
しょうが（薄切り）… 1かけ
青のり・塩 … 各少々

作り方
❶フライパンに鶏皮を入れ、ときどき返しながら弱火で20分ほど焼く。長ねぎの青い部分、しょうがを加え、さらに10分ほどじっくり焼く。
❷しょうがと長ねぎを取り出し（残った油でチャーハンを炒めても。P21コラム参照）青のり、塩をふる。

梅塩昆布おにぎり

1人分 ¥13

材料(3人分)
温かいご飯 … 茶碗2.5杯分(400g)
梅干し(塩分6%・種を除きたたく) … 10g
大葉(せん切り) … 2～3枚
塩昆布 … 大さじ1と½
白いりごま … 小さじ2
味つけのり … 5枚

月

作り方
ボウルに味つけのり以外の材料を入れて混ぜ、5等分にし、俵型ににぎる。味つけのりを巻く。

くずし豆腐の
ごまみそスープ
作り方 P113

高菜風おにぎり

1人分 ¥18

材料(3人分)
温かいご飯 … 茶碗2.5杯分(400g)
高菜風炒め(作り方P15) … 70g
塩 … 少々

火

作り方
ボウルにすべての材料を入れて混ぜ、5等分にし、三角ににぎる。

豆腐と白菜の
中華卵スープ
作り方 P17

デミ玉チーズトースト

1人分 ¥54

材料(2人分)
食パン(6枚切り) … 2枚
Ⓐ中濃ソース・水 … 各大さじ1
トマトケチャップ … 大さじ1と½
砂糖 … 小さじ½
バター … 5g
ピザ用チーズ … 適量

キウイヨーグルト

水

作り方
①ふわふわ卵を作る。
②耐熱ボウルにⒶを入れて混ぜ、バターを加える。ラップをかけずに電子レンジで40秒加熱し、混ぜ合わせる。
③食パンに②を塗り、①、ピザ用チーズの順にのせてオーブントースターで焼く。好みでみじん切りしたパセリ、粗びき黒こしょうをふる。

●ふわふわ卵／材料と作り方
卵(溶きほぐす) … 2個
牛乳 … 大さじ2
マヨネーズ … 小さじ2
耐熱容器にすべての材料を入れて混ぜ、ラップをかけずに電子レンジで1分加熱する。取り出して軽く混ぜ、再び30～40秒加熱する。好みの硬さになるまで数秒ずつ繰り返す。

ブロッコリーの茎と
卵のサンドイッチ

1人分 ¥59

材料(2人分)
食パン(6枚切り・1枚を半分に切る) … 2枚
ゆで卵 … 2個
ブロッコリーの茎(下ゆでして刻む)
… 1個分(約50g)
Ⓐマヨネーズ … 大さじ3と½
粉チーズ … 大さじ½
酢 … 小さじ½
砂糖 … 小さじ⅓
塩・こしょう … 各少々

りんごヨーグルト

木

作り方
①ボウルにゆで卵を入れてフォークの背で潰し、ブロッコリーの茎、Ⓐを加えて混ぜる。
②食パンに①をのせて残りのパンではさみ、半分に切り分ける。

キウイヨーグルト

金

じゃがベーコンの カレーマヨトースト

材料（2人分）　1人分¥73

食パン（6枚切り）
　… 2枚
じゃがいも（さいの目に切って
　水にさらす）… 小2個
ベーコン（1cm幅に切る）… 3枚
🅐 マヨネーズ … 大さじ2
　牛乳 … 大さじ1
　カレー粉 … 小さじ½
　顆粒コンソメ … 小さじ⅓
　おろしにんにく … 少々
　塩 … 少々
　砂糖 … ひとつまみ

作り方
❶耐熱ボウルにじゃがいもを入れ、ふんわりラップをかけて電子レンジで3分加熱する。水をきってボウルに戻し、ベーコン、🅐を加えて混ぜる。
❷食パンに❶をのせ、オーブントースターで焼く。好みでみじん切りしたパセリ、粗びき黒こしょうをふる。

土

梅ひじきおにぎり

1人分¥18

材料（3人分）

ひじきと厚揚げの梅しょうゆ煮
　（作り方P25）… 150g
温かいご飯 … 茶碗2.5杯分（400g）
塩 … 少々

作り方
❶ボウルにすべての材料を入れて混ぜ、5等分にし、俵型ににぎる。

白菜と
かにかまのみそ汁
作り方 P25

日

トマトリゾット

1人分¥52

材料（3人分）

たっぷり野菜のミネストローネ
　（作り方P27）… 300g
ご飯 … 丼1杯分（200g）
🅐 牛乳 … ¼カップ
　ピザ用チーズ … 30g
　顆粒コンソメ … 小さじ⅓
粉チーズ … 少々

キウイ＆りんご

作り方
鍋にミネストローネを入れて火にかけ、煮立ったらご飯を加えてサッと煮る。🅐を加え、チーズがとけたら器に盛り、粉チーズをかける。好みでみじん切りにしたパセリ、粗びき黒こしょうをふる。

Column

節約を忘れたい特別な日のメニュー

Special

イベントごはん

いつもは倹約しても、誕生日やお祝いなど年に数回の特別な日は気分を変えたいもの。そんなときに役立つごちそうメニューを紹介します。普段買えない食材でメリハリをつけると節約のモチベーションが上がるし、家族も喜ぶのがうれしい！

ビーフシチュー献立

クリスマスなど、少し寒い季節のイベントはあったかシチューでおもてなし。レンジとオーブントースターで手軽に作れるグラタンは安くておいしく、ボリューム満点！　子どもも大好きな一品です。

ごちそう海鮮サラダ

カルボナーラ
グラタン

ビーフシチュー

1人分
¥899

ビーフシチュー

材料（4人分）
牛肉（大きめのひと口大に切る）… 600g
Ⓐ赤ワイン … 1カップ
　おろし玉ねぎ … ½個分
塩・こしょう … 各少々
にんにく（薄切り）… 2片
玉ねぎ（くし切り）… 1個
にんじん（乱切り）… 1本（150g）
トマトジュース（無塩）… 1カップ
Ⓑ水 … 2カップ
　顆粒コンソメ … 大さじ1
　ローリエ … 1枚
じゃがいも（大きめの一口大に切る）… 2個
マッシュルーム … 8個

Ⓒデミグラスソース缶 … 1缶（290g）
　トマトケチャップ … 大さじ3
　中濃ソース … 大さじ2
　砂糖 … 小さじ2と½
バター … 15g
ブロッコリー
　（小房に分けて塩ゆでする）… ½個
サラダ油 … 適量

作り方
❶保存袋に牛肉、Ⓐを入れてもみ込み、冷蔵室で2〜3時間おく。肉を取り出して汁けを拭き、塩、こしょうをふる。
❷フライパンにサラダ油小さじ1を熱し、❶の肉を焼く。全体に焼き色がついたら取り出し、❶の漬け汁を入れてアクをとりながらひと煮立ちさせて火を止める。

❸深鍋にサラダ油小さじ2、にんにくを入れて火にかけ、弱めの中火で香りが出るまで炒める。玉ねぎ、にんじんを加えて強火で炒め、玉ねぎが半分ほど透き通ってきたら❷の漬け汁、トマトジュースを加える。ひと煮立ちしたら弱火でときどき混ぜながら30分煮る。
❹Ⓑを加えて強火にし、煮立ったら、❷の牛肉を戻し入れてひと煮立ちさせる。アクを取り、ふたをして弱火で2時間煮る（牛肉に竹串がスッと刺さる程度まで）。
❺じゃがいも、マッシュルーム、Ⓒを加え、ふたをして弱火で30〜40分煮込み、仕上げにバターを加える。器に盛り、ブロッコリーを添えて好みで生クリームをかける。

ごちそう海鮮サラダ

材料（4人分）
帆立貝柱（半分に切る）… 100g
バナメイえび … 6尾
リーフレタス（ひと口大にちぎる）… 5〜6枚
ブロッコリースプラウト（根元を切る）… 1パック
グリーンアスパラガス（5cm長さに切る）
　… 4〜5本
レモン（半月切り）… 1/2個
ミニトマト（半分に切る）… 5〜6個

ヤングコーン（輪切り）… 2〜3本
Ⓐオリーブ油 … 大さじ2と½
　レモン汁・酢 … 各大さじ½
　白だし … 大さじ2
　はちみつ … 小さじ2
　塩 … 小さじ¼
　粗びき黒こしょう … 少々

作り方
❶えび、アスパラガスは塩ゆでし、えびは厚さ半分に切る。
❷器にリーフレタス、ブロッコリースプラウトを盛り、帆立、えび、アスパラガス、レモンをバランスよく散らす。ミニトマト、ヤングコーンを飾る。
❸ボウルにⒶを入れてよく混ぜ、❶にかける。

カルボナーラグラタン

材料（4人分）
マカロニ … 150g
ブロックベーコン（1cm幅に切る）… 130g
玉ねぎ（薄切り）… 1個
Ⓐ小麦粉 … 大さじ5
　バター … 40g
牛乳 … 2と1/2カップ
Ⓑ顆粒コンソメ … 大さじ1
　おろしにんにく … 小さじ1
　粉チーズ … 大さじ2
　粗びき黒こしょう … 少々
ピザ用チーズ … 適量

卵黄 … 1個分
粉チーズ … 少々
サラダ油 … 小さじ1

作り方
❶マカロニは袋の表記通りに塩ゆでする。
❷フライパンにサラダ油を熱し、ベーコンを炒める。焼き色がついたら玉ねぎを加え、しんなりしたら火を止める。
❸ホワイトソースを作る。耐熱ボウルにⒶを入れ、ラップをかけずに電子レンジで1分30秒加熱する。取り出してすぐ混

ぜ、牛乳を少量ずつ加えてだまにならないように混ぜる。再び3分加熱し、混ぜる。軽くとろみがつくまで、1分ずつ加熱と混ぜるを繰り返す。
❹❷のフライパンに❸、Ⓑを加えて軽く混ぜ、❶を加えて弱火にかけて混ぜる。全体がなじんだらグラタン皿に流し入れ、ピザ用チーズをかけてオーブントースターでチーズが溶けるまで焼く。取り出して卵黄を落とし、粉チーズをふる。好みでみじん切りしたパセリをふる。

豚の角煮献立

お祝いごはんに欠かせないちらし寿司。このときばかりは豪華に
いくらものせちゃいます。節約中は買えないかたまり肉を使った
角煮も自慢の味。箸で崩れるほど柔らかいお肉、最高です！

野菜の揚げびたし

彩りちらし寿司

豚の角煮

1人分
¥914

36

豚の角煮

材料（4人分）
豚バラブロック肉（5㎝幅に切る）… 600g
大根（2㎝厚さの半月切り）… 300g
にんじん … 1/2本（75g）
小松菜 … 2株
Ⓐ 水 … 8カップ
　 生おから … 200g
　 しょうが（薄切り）… 1かけ
　 長ねぎ（青い部分）… 1本分
Ⓑ 水 … 3カップ
　 酒 … 大さじ6
　 しょうゆ … 大さじ7
　 砂糖 … 大さじ4
　 はちみつ … 大さじ2
しょうが（薄切り）… 1かけ
ゆで卵 … 4個

作り方
❶大根はかぶるくらい水、米のとぎ汁適量を入れて火にかけ、煮立ったら弱めの中火で30分煮る。にんじんは1㎝厚さの輪切りにして花型に切り、下ゆでする。小松菜はさっとゆでて5㎝長さに切る。
❷フライパンを熱して豚肉を並べ、全体に焼き色がついたら深鍋に移す。Ⓐを加え、強火にかける。煮立ったら落としぶたをして弱火で2時間ゆでる。肉を取り出して水洗いし、水けを拭く。
❸深鍋にⒷを入れて火にかけ、煮立ったら❷、しょうがを加える。落としぶたをして20分煮たら大根を加えて10分煮る。にんじん、ゆで卵を加え、さらに10分煮る。器に盛り、小松菜、好みで練りからしを添える。

彩りちらし寿司

材料（4人分）
サーモン（角切り）… 200g
いくら … 少々
Ⓐ しょうゆ … 小さじ2
　 白だし … 大さじ2
　 水 … 大さじ1
　 みりん（30秒レンチン）… 大さじ½
れんこん … 150g
Ⓑ だし汁 … ½カップ
　 酢 … 大さじ4
　 砂糖 … 大さじ3
　 塩 … 小さじ¼
温かいご飯（少し固めに炊く）
　 … 3合分
すし酢 … 大さじ6
大葉（せん切り）… 10枚
白いりごま … 大さじ2
卵 … 3個
Ⓒ 砂糖 … 小さじ2
　 酒 … 大さじ1
　 塩 … 少々
きゅうり（角切り）… 1本
サラダ油 … 適量

作り方
❶バットにⒶ、サーモンを入れてつけ汁が密着するようにラップをかける。冷蔵室に1時間ほどおく。
❷酢れんこんを作る。れんこんは8枚ほど1㎝厚さに切り、花型に切る。残りは5㎜厚さのいちょう切りにし、ともに塩ゆでする。小鍋にⒷを入れて火にかけ、ひと煮立ちしたら耐熱容器に移して粗熱を取り、れんこんを加えて冷蔵室に1時間ほどおく。
❸酢飯を作る。飯台（すし桶）にご飯、すし酢を入れて切るように混ぜる。水けをきったいちょう切りのれんこん、白いりごま、大葉⅔量を加えて混ぜる。
❹錦糸卵を作る。ボウルに卵、Ⓒを入れて混ぜる。フライパンにサラダ油小さじ1を熱して卵液を流し入れ、薄焼き卵を作る。サラダ油少々を足しながら同様にして6枚作り、広げて重ねる。粗熱がとれたらせん切りにする。
❺器に酢飯、錦糸卵、サーモン、きゅうりを順に盛り、花型に切ったれんこんを飾る。残りの大葉、いくらをのせ、好みで白いりごまをふる。

野菜の揚げびたし

材料（4人分）
れんこん（1㎝厚さに切り、酢水にさらす）
　 … 100g
かぼちゃ（1㎝幅に切る）… 150g
なす（縦長に切り塩水にさらす）… 1本
ミニトマト（湯むきする）… 5～6個
ししとう … 4本
Ⓐ 水 … 2カップ
　 白だし … 大さじ7
　 みりん（1分レンチン）… 大さじ2
揚げ油 … 適量

作り方
❶鍋に揚げ油を170℃に熱し、ミニトマト以外の野菜の水けを拭いて素揚げにする。熱いうちにⒶに加え、ミニトマトも加えて冷蔵室に3時間ほどおく。

37

2週目

One Plate Recipe

週の前半は前週から
くり越した肉を消費。
しっかり使いきってから
買い足します

● 今週の買い物

◎赤字は見切り品

日曜日に購入

¥2452

[野菜・くだもの]
- ◎なす2本 ¥68
- 長ねぎ2本 ¥168
- ◎長いも ¥78
- ◎ピーマン5個 ¥78
- 細ねぎ ¥128
- にんじん3本 ¥138
- えのきだけ ¥98

- 大根 ¥158
- 小松菜 ¥98
- キャベツ½個 ¥59
- リーフレタス ¥128
- オクラ ¥98
- バナナ ¥128
- にんにく ¥198

[その他]
- 食パン6枚切り ¥78
- 牛乳 ¥179
- 卵 ¥198
- かに風味かまぼこ ¥58
- ちくわ ¥58
- ベーコン ¥129
- ハム ¥129

水曜日に買い足し

¥1820

[肉・魚]
- 合いびき肉200g ¥258
- ◎バナメイえび ¥299

[野菜・くだもの]
- ◎まいたけ ¥68
- ほうれん草 ¥128
- ミニトマト ¥98
- きゅうり2本 ¥98
- 玉ねぎ3個 ¥128

- ◎しいたけ ¥98
- ブロッコリー ¥148
- じゃがいも5個 ¥138
- ◎れんこん ¥158

[その他]
- ◎食パン6枚切り ¥54
- はんぺん ¥88
- かに風味かまぼこ ¥58

合計 **¥4271** (税抜)

在庫ゾーン

先週の残り食材
- ●鶏胸肉
- ●豚こま切れ肉
- ●りんご
- ●しょうが
- ●自家製ヨーグルト
  （P105コラム参照）

今週使うウエルシア食材 ¥0
- ●紅しょうが
- ●サラダスパゲティ
- ●乾燥わかめ
- ●乾燥春雨
- ●梅干し
- ●韓国のり
- ●ピザ用チーズ
- ●そうめん
- ●ビーフシチュールウ
- ●干しえび

おうち菜園で収穫 ¥0
- ●パセリ
- ●ミニトマト
- ●大葉

2 週目の献立リスト

※❈印は前日の夜などに多めに作りおきしたメニュー
※「前夜のリメイク」は前日の夜の残りをアレンジしたメニュー
※サラダはその日にある生野菜を添えるだけ

	朝	昼	夜
月	●干しえびとキャベツの 　チーズマヨトースト ●りんごヨーグルト	❈なすのはさみ焼き ❈わかめとかにかまの春雨サラダ ●にんじんのコチュジャンあえ ●ゆで卵のみそマヨソース ●ミニトマト	●豚肉となすの油淋鶏風 ●ピーマンとかにかまののりあえ ●鶏塩そうめん ●大根皮のポリポリ漬け ●サラダ
火	❈鶏塩雑炊(前夜のリメイク) ●りんご&バナナ	❈豚肉となすの油淋鶏風 ❈ピーマンとかにかまののりあえ ❈大根皮のポリポリ漬け ●中華風卵焼き ●ミニトマト	●胸肉と大根のガーリックバター炒め ●にんじんの粉チーズラペ ●長いもポタージュ カリカリベーコンのせ ●小松菜の洋風おひたし ●サラダ
水	●カスタードバナナパン ●りんごヨーグルト	❈胸肉と大根のガーリックバター炒め ❈小松菜の洋風おひたし ●お花ハム ●長ねぎとかにかまの卵炒め	●キャベツ焼き ❈にんじんの粉チーズラペ ●えのきの和風マリネ ●具だくさん豚汁 ●サラダ　〔ラクチンday〕
木	●大根菜と干しえびのおにぎり ❈具だくさん豚汁	❈えのきの和風マリネ ❈大根皮のポリポリ漬け ●玉ねぎとちくわの紅しょうがかき揚げ ●長ねぎのバターしょうゆサラスパ ●ミニトマト	●かさましえびカツ ●ミニトマトの即席漬け ●大根のしょうがあんかけ ●ほうれん草とのりのスープ ●サラダ
金	●ハムとキャベツの 　コールスローサンド ●バナナヨーグルト	❈ミニトマトの即席漬け ❈大根のしょうがあんかけ ●ブロッコリーの茎とベーコンの巻きカツ ●きゅうりのごま酢あえ	●ごろごろお肉のハッシュドビーフ ●きのこのポタージュ ●大根とハムのごまマヨサラダ ●ブロッコリーのコンソメあえ ●サラダ
土	❈ブロッコリーとベーコンの 　チーズトースト(前夜のリメイク) ●バナナヨーグルト	●あんかけ卵にゅうめん ●干しえびとねぎの混ぜごはん	❈ミートボールドリア(前夜のリメイク) ❈大根とハムのごまマヨサラダ ●にんじんとベーコンのチーズコンソメ ●えびとじゃがいものスープ ●サラダ
日	❈ハッシュドビーフ揚げパン(金夜のリメイク) ❈にんじんとベーコンのチーズコンソメ ●カレーポテト ●サラダ　〔ブランチday〕		●ヤンニョムれんこんチキン ●大根の甘酢漬け ●わかめときゅうりのしょうがナムル ●かにかまとねぎの春雨スープ ●サラダ

〔月曜日にコレ作ります！〕

大根の葉を刻んで
大根菜と
干しえびのふりかけ

フライパンにごま油大さじ1を熱し、みじん切りした大根の葉100gを炒める。しんなりしたら干しえび大さじ2を加えて炒め、しょうゆ・みりん・白いりごま各小さじ2、砂糖小さじ1を加えて水分がなくなるまで炒める。

朝 干しえびとキャベツのチーズマヨトーストセット (P56)

昼 なすのはさみ焼き弁当 (P54)

夜

豚肉となすの
油淋鶏風献立 1人分¥112

油淋鶏は鶏肉が定番だけど、豚肉も新鮮！ なすといっしょに焼けば、
少ない肉でもかさがグンとアップします。漬けものは大根の皮で！
そうめんはつゆを多めに作って、翌朝は雑炊にアレンジ♪

鶏塩そうめん

サラダ

大根皮の
ポリポリ漬け

ピーマンと
かにかまの
のりあえ

豚肉となすの
油淋鶏風

豚肉となすの油淋鶏風 (ユーリンチー)

材料(3人分＋翌日弁当分)
豚こま切れ肉 … 300g
なす(長さ半分に切り、上は縦4等分、下は縦6等分に切る)
　　… 2本
Ⓐ酒 … 大さじ1
　塩・こしょう … 各少々
片栗粉 … 大さじ3
Ⓑ長ねぎ(みじん切り) … ½本
　しょうゆ … 大さじ2
　酢・砂糖 … 各大さじ1と½
　ごま油 … 小さじ2
　おろししょうが・おろしにんにく … 各小さじ½
サラダ油 … 大さじ4

作り方
❶ボウルに豚肉、Ⓐを入れて軽くもみ込み、片栗粉を加えて混ぜる。16等分して棒状に細長く握る。
❷フライパンにサラダ油を熱し、❶、なすを揚げ焼きにする。全体に焼き色がついたら器に盛る。
❸耐熱ボウルにⒷを入れて軽く混ぜ、ラップをかけずに電子レンジで1分加熱する。❷にかけ、好みで白いりごまをふる。

大根皮のポリポリ漬け

材料(3人分＋火・木の弁当分)
大根の皮(細切り) … 200g
Ⓐしょうゆ … 大さじ1
　ポン酢しょうゆ … 大さじ4
　砂糖 … 大さじ3

作り方
❶耐熱ボウルに大根の皮を入れ、ラップをかけずに電子レンジで1分30秒加熱する。バットに広げ、15分ほどおく。
❷ポリ袋に❶、Ⓐを入れてもみ込み、空気を抜いて口を閉じる。冷蔵室に1時間ほどおく。

ピーマンとかにかまののりあえ

材料(3人分＋翌日弁当分)
ピーマン(縦長の細切り) … 5個
かに風味かまぼこ(手で細く割く) … 6本
韓国のり(手でちぎる) … 8枚
Ⓐおろしにんにく … 小さじ¼
　めんつゆ(2倍濃縮) … 大さじ1

作り方
❶耐熱ボウルにピーマンを入れ、ふんわりラップをかけて電子レンジで1〜2分加熱する。水にさらし、水けを固く絞る。
❷ボウルに❶、かに風味かまぼこ、韓国のり、Ⓐを入れて混ぜる。

鶏塩そうめん

材料(3人分＋翌日朝食分)
そうめん … 100g
Ⓐ水 … 4カップ
　鶏ガラスープの素 … 大さじ1と½
　しょうゆ … 大さじ½
　みりん … 大さじ1
　塩 … 小さじ¼
ごま油 … 小さじ2
細ねぎ(小口切り) … 少々

作り方
❶鍋にⒶを入れて火にかけ、煮立ったらごま油を回し入れる(2カップは翌朝用に残す)。
❷そうめんは袋の表記通りにゆでてざるにあげ、水けをきって器に盛る。❶をかけて細ねぎをのせ、好みで粗びき黒こしょうをふる。

41

2 週目 **火**
Tuesday

朝 鶏塩雑炊セット(P56)

昼 豚肉となすの油淋鶏風弁当(P54)

夜

胸肉と大根のガーリックバター炒め献立 1人分¥149

前日、ポリポリ漬けを作った残りの大根がメインで登場!
鶏肉1枚だと少し足りないけど、大根のかさまし効果でボリューミーなおかずに
変身します。ガーリックバターが食欲をそそり、ご飯がすすむ!

サラダ

長いもポタージュ
カリカリベーコンのせ

にんじんの
粉チーズラペ

胸肉と大根の
ガーリックバター炒め

小松菜の
洋風おひたし

Point & Advice

- ●メインはかさの出る大根を入れてボリュームアップ
- ●見切り品活用のスープはカリカリベーコンで豪華に
- ●おひたしは味をしみ込ませる時間があるので先に作って

胸肉と大根のガーリックバター炒め

材料（3人分＋翌日弁当分）
鶏胸肉（繊維を断つようにひと口大のそぎ切り）
　… 1枚(300g)
Ⓐマヨネーズ … 大さじ1
　しょうゆ … 小さじ1
　酒 … 小さじ2
小麦粉 … 大さじ2
大根（5mm幅のいちょう切り）… 250g
にんにく（薄切り）… 1片
Ⓑ鶏ガラスープの素 … 小さじ1と½
　おろしにんにく … 小さじ1
　しょうゆ … 大さじ1
　みりん … 大さじ2
バター … 10g
細ねぎ（小口切り）… 少々
サラダ油 … 大さじ2

作り方
❶ポリ袋に鶏肉、Ⓐを入れてもみ込み、10分以上おく。小麦粉を加えて軽く混ぜる。
❷耐熱ボウルに大根を入れ、ふんわりラップをかけて電子レンジで5〜6分加熱する。ざるにあげて水けをきる。
❸フライパンにサラダ油を熱し、にんにくの両面を焼いて取り出す。続けて❶を入れ、両面に焼き色がついたら余分な脂を拭いて❷を加え、軽く炒める。Ⓑを加えて強火にする。たれにとろみがついてきたらバターを加えてからめる。
❹器に盛り、❸のにんにくチップを散らし、細ねぎをのせる。好みで白いりごまをふる。

にんじんの粉チーズラペ

材料（3人分＋翌日夕食分）
にんじん（細切り）… 1本(150g)
Ⓐ粉チーズ … 大さじ1
　塩 … 小さじ¼
　酢 … 小さじ1
　砂糖 … 小さじ⅓
　粗びき黒こしょう … 少々
　オリーブ油 … 大さじ1と½

作り方
❶耐熱ボウルににんじんを入れ、ラップをかけて電子レンジで3分加熱する。
❷ボウルに❶、Ⓐを入れてあえる。

小松菜の洋風おひたし

材料（3人分＋翌日弁当分）
小松菜（5cm長さに切る）… 1わ(200g)
みりん（1分レンチン）… 大さじ1
顆粒コンソメ … 小さじ1と½
湯 … 大さじ3
Ⓐしょうゆ … 大さじ1
　水 … 3/4カップ

作り方
❶耐熱ボウルに小松菜を入れ、ふんわりラップをかけて電子レンジで3分加熱する。水にさらし、固く絞る。
❷ボウルにみりん、顆粒コンソメ、湯を入れ、コンソメが溶けたらⒶ、❶を加えてラップを密着させ、冷蔵室に30分ほどおく。

長いもポタージュ カリカリベーコンのせ

材料（3人分）
長いも（1cm幅の半月切りにし、水にさらす）
　… 150g
長ねぎ（小口切り）… ⅙本
ベーコン（1cm幅に切る）… 2枚
Ⓐ水 … 1カップ
　顆粒コンソメ … 小さじ1
　ローリエ … 1枚
牛乳 … ¾カップ
塩・こしょう … 各少々

作り方
❶鍋に長いも、長ねぎ、Ⓐを入れて火にかけ、煮立ったら弱火にしてふたをし、30分ほど煮る。粗熱がとれたら牛乳を加え、ブレンダーまたはミキサーでなめらかにする。鍋に戻して温め、塩、こしょうで味をととのえる。
❷フライパンにベーコンを入れてカリカリに焼く。器に❶を入れてベーコンをのせ、好みで粗びき黒こしょうをふる。

朝 カスタードバナナパンセット(P56)

昼 胸肉と大根のガーリックバター炒め弁当(P54)

夜 # キャベツ焼き献立 1人分 ¥158

肉も魚も使いつくした週の半ば。さあ、どうしよう? という日の
とっておきの献立がこれ。大阪ではおなじみ、粉ものメニューです。
全品で野菜をたくさん使うので、とってもヘルシー♪

えのきの和風マリネ

サラダ

具だくさん豚汁

にんじんの
粉チーズラペ
作り方 P43

キャベツ焼き

キャベツ焼き

材料(3人分)
キャベツ(太せん切り) … 1/4個(250g)
Ⓐ小麦粉 … 60g
　和風顆粒だしの素 … 小さじ1
水 … 120㎖
細ねぎ(小口切り) … 7〜8本
ちくわ(輪切り) … 3本
干しえび … 小さじ2
紅しょうが(みじん切り) … 小さじ2
卵 … 3個
ソース・マヨネーズ・青のり … 各少々
サラダ油 … 大さじ1

作り方
❶ボウルにⒶを入れ、水を少しずつ加えて混ぜる。
❷フライパンにサラダ油を熱し、❶の1/3量を流し入れる。キャベツ、細ねぎ、ちくわ、干しえび、紅しょうが各⅓量を順にのせ、真ん中をくぼませて卵1個を割り入れ、ふたをし、弱火で5分ほど蒸し焼きにする。
❸キャベツがしんなりしたら半分に折って器に盛る。残りも同様にして作る。ソース、マヨネーズ、青のりをふり、好みで紅しょうがをのせる。

キャベツ焼きは一人分ずつ
作ります。具材を全部のせ
て焼いたらたたむだけ。

えのきの和風マリネ

材料(3人分+翌日弁当分)
えのきだけ(根元を薄く切り落とし手でほぐす) … 1袋
にんにく(薄切り) … 1片
Ⓐめんつゆ(2倍濃縮) … 大さじ1
　塩 … 2つまみ
　酢 … 小さじ1
　砂糖 … 小さじ⅓
　オリーブ油 … 大さじ1と½
サラダ油 … 大さじ1

作り方
❶ボウルにⒶを入れて混ぜる(好みで輪切りにした赤唐辛子少々を入れてもよい)。
❷フライパンにサラダ油を弱火で熱し、にんにくを焼く。焼き色がついたら❶に加える。
❸❷のフライパンにえのきだけを並べ、強火で焼く。そのまま触らず、水分が出て焼き色がついたら裏返し、両面焼けたら❶に加えて10分ほどおく。

具だくさん豚汁

材料(3人分+翌日朝食分)
豚こま切れ肉 … 150g
大根(短冊切り) … 100g
にんじん(短冊切り) … ½本(75g)
長ねぎ(斜め切り) … ½本
Ⓐ水 … 4カップ
　和風顆粒だしの素 … 小さじ1と⅓
　酒 … 大さじ1
　みりん … 大さじ1
みそ … 大さじ4
細ねぎ(小口切り) … 少々
ごま油 … 小さじ1

作り方
❶鍋にごま油を熱し、豚肉を炒める。肉の色が変わったら細ねぎ以外の野菜を加え、軽く炒める。
❷Ⓐを加え、煮立ったら弱火にし、アクを除きながら10分ほど煮てみそを溶かし入れる。
❸器に盛り、細ねぎをのせる(半量は翌朝用に残す)。

2 週目 木 Thursday

朝 大根菜と干しえびのおにぎりセット（P57）

昼 玉ねぎとちくわの紅しょうがかき揚げ弁当（P54）

夜 かさましえびカツ献立 1人分¥202

えびは高いイメージがありますが、バナメイえびだけは節約の味方！
養殖なので値段が安定していて、豚肉や鶏肉と同じ感覚で使えます。
刻んではんぺんと混ぜたら、フワッサクッの絶品食感！

ほうれん草と
のりのスープ

サラダ

ミニトマトの
即席漬け

かさましえびカツ

大根のしょうが
あんかけ

- えびカツははんぺんでふんわりかさまし
- カツは成形までしておけばあとは揚げるだけ
- 副菜とスープに使うほうれん草はまとめてゆでてもOK

かさましえびカツ

はんぺんを入れたら、潰しながら全体を混ぜるとほどよい固さのたねになります。

材料(3人分)
バナメイえび … 12尾(正味150g)
Ⓐ片栗粉・酒 … 各大さじ1
　塩 … 小さじ½
Ⓑ片栗粉・マヨネーズ … 各大さじ1
　塩・こしょう … 各少々
はんぺん(袋の上から指で粗く潰す) … 1枚(90g)
小麦粉(同量の水で溶く) … 大さじ3
パン粉 … 適量
Ⓒマヨネーズ … 大さじ2
　めんつゆ(2倍濃縮) … 小さじ½
　みそ・酢・砂糖 … 各小さじ½
　おろしにんにく・粗びき黒こしょう … 各少々
　練り辛子 … 好みで少々
サラダ油 … 適量

作り方
①えびは背ワタをとってⒶをよくもみ込み、水で洗って水けを拭く。包丁でたたいて粗く切る。
②ボウルに①、Ⓑを入れ、はんぺんを加えてにぎるように混ぜる。10等分にして平丸に成形する。水溶き小麦粉をからめパン粉をまぶす。
③鍋にサラダ油を深さ3～4㎝ほど入れて170℃に熱し、②を5分ほどじっくり揚げる。器に盛り、混ぜ合わせたⒸをかけ、好みでみじん切りにしたパセリをふる。

ミニトマトの即席漬け

材料(3人分+翌日弁当分)
ミニトマト(ヘタを取り半分に切る) … 12個
Ⓐ白だし … 大さじ3
　酢・砂糖 … 各小さじ2

作り方
①ボウルにⒶを入れて混ぜ、ミニトマトを加える。10分ほどおく。

大根のしょうがあんかけ

材料(3人分+翌日弁当分)
大根(1㎝幅のいちょう切り) … 250g
ほうれん草 … ⅓わ(70g)
かに風味かまぼこ(手で割く) … 5本
Ⓐ鶏ガラスープの素 … 小さじ2と½
　白だし … 小さじ1
　おろししょうが … 小さじ⅓
　水 … 1と½カップ
片栗粉(同量の水で溶く) … 小さじ2

作り方
①ほうれん草はサッとゆでて水けを絞り、5㎝長さに切る。
②耐熱ボウルに大根を入れ、ふんわりラップをかけて電子レンジで3～4分加熱する。ざるにあげて水けをきる。
③鍋に②、かに風味かまぼこ、Ⓐを入れて火にかけ、沸騰したら弱火にし7～8分煮る。水溶き片栗粉を加えてとろみをつけ、器に盛り、①を添える。

ほうれん草とのりのスープ

材料(3人分)
ほうれん草 … ⅔わ(130g)
玉ねぎ(薄切り) … ¼個
Ⓐ水 … 2カップ
　和風顆粒だしの素 … 小さじ1
　しょうゆ … 小さじ2
韓国のり(手でちぎる) … 8枚
ごま油 … 小さじ1
白いりごま … 小さじ1

作り方
①ほうれん草はサッとゆでて水けを絞り、5㎝長さに切る。
②鍋に玉ねぎ、Ⓐを入れて火にかけ、煮立ったら2分ほど煮る。①、韓国のりを加えてごま油を回しかけ、白いりごまをふる。

2 週目 **金** Friday

朝 ハムとキャベツのコールスローサンドセット(P57)

昼 ブロッコリーの茎とベーコンの巻きカツ弁当(P55)

 夜

ごろごろお肉の ハッシュドビーフ献立 1人分¥186

一週間頑張ったごほうびは、ごちそうハッシュドビーフ♪
合いびき肉で作った肉だんごは玉ねぎでかさましして
ボリュームアップ。多めに作って、週末のブランチまで活用します!

きのこのポタージュ

サラダ

ブロッコリーの
コンソメあえ

ごろごろお肉の
ハッシュドビーフ

大根とハムの
マヨサラダ

● ひき肉は大きく丸めてかたまり肉風に見せる
● 副菜のブロッコリーの茎は、昼のお弁当に使う!
● 市販のルウ+家にある調味料でめちゃうまソースに

ごろごろお肉のハッシュドビーフ

材料(3人分+翌日夕食分+日曜ブランチ分)

合いびき肉 … 200g
玉ねぎ … 2個
Ⓐパン粉・牛乳 … 各大さじ4
　マヨネーズ … 大さじ1
　おろしにんにく … 少々
　オールスパイス … 少々
　塩 … 小さじ¼
にんにく(みじん切り) … 1片
しいたけ(みじん切り) … 3個
水 … 6と½カップ

ローリエ … 1枚
ビーフシチュールウ
　… 1箱(172g)
Ⓑトマトケチャップ … 大さじ1
　ウスターソース … 大さじ1
　はちみつ … 小さじ2
　バター … 15g
温かいご飯 … 適量
サラダ油 … 小さじ2

作り方

❶玉ねぎは¼個をみじん切りにし、残りは薄切りにする。
❷ボウルにひき肉、みじん切りにした玉ねぎ、Ⓐを入れ、粘りがでるまで混ぜる。ひと口大の大きさに丸める。
❸フライパンにサラダ油小さじ1を熱し、❷を焼く。片面に焼き色がついたら上下を返してふたをし、弱火で5分ほど蒸し焼きにしていったん取り出す。
❹フライパンの汚れを軽く拭き、サラダ油小さじ1を熱し、にんにくを炒める。香りが出たら薄切りにした玉ねぎを加えて炒める。玉ねぎが透き通ったら、しいたけを加えて軽く炒める。
❺水、ローリエを加え、煮立ったら❸を加える。アクを除きながら15分ほど煮る。ビーフシチュールウを割り入れ、溶けたらⒷを加えて5分ほど煮る。
❻器にご飯を盛り、❺をかける。好みでみじん切りにしたパセリを散らす(450gは翌夜用、120gは日曜ブランチ用に残す)。

きのこのポタージュ

材料(3人分)

まいたけ(ほぐす) … 1袋(150g)
玉ねぎ(薄切り) … ¼個
ベーコン(1㎝幅に切る) … 1枚
Ⓐ水 … ¾カップ
　顆粒コンソメ … 小さじ1
　ローリエ … 1枚
牛乳 … ¾カップ
バター … 10g
塩・こしょう … 各少々
サラダ油 … 小さじ½

作り方

❶鍋にサラダ油を熱し、ベーコンを炒める。焼き色がついたら玉ねぎ、まいたけを加えてしんなりするまで炒める。
❷Ⓐを加え、煮立ったら弱火にしてふたをし、20分ほど煮る。粗熱をとって牛乳を加え、ブレンダーまたはミキサーでなめらかにする。
❸鍋に戻して温め、バターを加えて塩、こしょうで味をととのえる。器に盛り、好みで粗びき黒こしょうをふる。

大根とハムの ごまマヨサラダ

材料(3人分+翌日夕食分)

大根(4～5㎝長さの短冊切り) … 300g
ハム(短冊切り) … 4枚
Ⓐ塩 … 小さじ¼
　砂糖 … 小さじ½
Ⓑマヨネーズ … 大さじ2と½
　和風顆粒だしの素 … 小さじ½
　砂糖 … ひとつまみ
　ごま油 … 小さじ1
　白すりごま … 大さじ1
塩 … 少々

作り方

❶ボウルに大根、Ⓐを入れてもみ込み、10分ほどおいて水けを固く絞る。
❷ボウルに❶、ハム、Ⓑを入れて混ぜ、味をみて塩でととのえる。

ブロッコリーの コンソメあえ

材料(3人分+翌日朝食分)

ブロッコリー(小房に分ける) … 1個
顆粒コンソメ … 大さじ½
湯 … 小さじ1
Ⓐオリーブ油 … 小さじ4
　おろしにんにく … 少々
　粗びき黒こしょう … 少々

作り方

❶ブロッコリーは塩ゆでする。
❷ボウルにコンソメ、湯を入れ、コンソメが溶けたらⒶを加えてよく混ぜる。❶を加えてあえる(100gは翌朝用に残す)。

2 週目 土
Saturday

朝 ブロッコリーとベーコンのチーズトーストセット(P57)

昼 あんかけ卵にゅうめん献立(P55)

 夜 ミートボールドリア献立 1人分¥171

お出かけ日の土曜日。前日作ったハッシュドビーフをドリアに
リメイクすれば、遅く帰ってから作ってもラクチン♪
冷蔵庫に残っている食材は、副菜とスープできれいに使い切ります。

えびとじゃがいものスープ

大根とハムの
ごまマヨサラダ
作り方 P49

にんじんとベーコンの
チーズコンソメ

サラダ

ミートボールドリア
(P48ごろごろお肉のハッシュドビーフのリメイク)

ミートボールドリア

材料（3人分）
ごろごろお肉のハッシュドビーフ（作り方P49）
　… 450g
ピザ用チーズ … 適量
温かいご飯 … 適量
Ⓐ 小麦粉 … 大さじ3
｜ バター … 20g
牛乳 … 1と¼カップ
顆粒コンソメ … 小さじ½

作り方
❶ホワイトソースを作る。耐熱ボウルにⒶを入れ、ラップをかけずに電子レンジで1分加熱する。取り出してよく混ぜ、牛乳を少しずつ加えながら混ぜる。顆粒コンソメを加え、さらに1分30秒加熱して混ぜ、とろみがつくまで30秒ずつ加熱して混ぜるを繰り返す。
❷耐熱容器にご飯、❶、ハッシュドビーフ、ピザ用チーズを順にのせ、オーブントースターで焼き色がつくまで焼く。好みでみじん切りにしたパセリをふる。

memi's Column

朝食のヨーグルトは種菌で増やします

100均でヨーグルトメーカーを発見して以来、ヨーグルトは自家製で増やしています。常温においた牛乳2と½カップ、プレーンヨーグルト大さじ3を入れて混ぜ、常温で8時間以上おくだけ。

にんじんとベーコンのチーズコンソメ

材料（3人分＋翌日ブランチ分）
にんじん（細切り）… 1本（150g）
ベーコン（細切り）… 2枚
Ⓐ 顆粒コンソメ … 小さじ⅔
｜ 粉チーズ … 小さじ2
｜ 粗びき黒こしょう … 少々

作り方
❶耐熱ボウルににんじんを入れ、ふんわりラップをかけて電子レンジで2分加熱する。ベーコンを加え、さらに1分加熱する。Ⓐを加えて混ぜる。

えびとじゃがいものスープ

材料（3人分）
バナメイえび（背ワタを取り2㎝幅に切る）
　… 4〜5尾
じゃがいも（1㎝幅の半月切りにして水にさらす）
　… 小2個
にんにく（薄切り）… 1片
Ⓐ 水 … 2カップ
｜ 顆粒コンソメ・酒 … 各小さじ2
｜ しょうゆ … 小さじ1
｜ ローリエ … 1枚
オリーブ油 … 小さじ1

作り方
❶鍋にオリーブ油を熱し、にんにくを炒める。香りがでたらえびを加えて炒め、色が変わったらじゃがいもを加えて軽く炒める。
❷Ⓐを加え、アクをとりながらひと煮立ちさせ、弱火にして10分ほど煮る。器に盛り、好みでみじん切りにしたパセリ、粗びき黒こしょうをふる。

朝昼 ハッシュドビーフ揚げパン献立 (P55)

 夜

ヤンニョムれんこんチキン献立

1人分 ¥131

週末のエネルギーチャージは、食欲そそる韓国風献立。
ヤンニョムチキンはれんこんでかさましし、子どもでも食べられる辛さに。
大根の甘酢漬けは作り置きできて、箸やすめにもおすすめの一品♪

かにかまとねぎの
春雨スープ

サラダ

わかめときゅうりの
しょうがナムル

大根の甘酢漬け

ヤンニョム
れんこんチキン

● ヤンニョムチキンはれんこんでかさまし
● 甘酢漬けは早めに仕込んで味をなじませて
● スープは春雨でボリュームアップ

ヤンニョムれんこんチキン

材料（3人分＋翌日弁当分）
鶏胸肉（繊維を断ち切るようにひと口大に切る）
　… 1枚（300g）
れんこん（1cm幅のいちょう切りにして水にさらす）… 180g
Ⓐマヨネーズ … 大さじ1
　しょうゆ … 小さじ1
　おろししょうが … 小さじ½
片栗粉 … 大さじ3
Ⓑコチュジャン・砂糖 … 各小さじ1
　トマトケチャップ … 大さじ2
　酒・オイスターソース … 各大さじ1
　おろしにんにく … 小さじ½
白いりごま … 少々
サラダ油 … 大さじ2

作り方
❶ボウルに鶏肉、Ⓐを入れてもみ込み、10分以上おく。片栗粉を加えて軽く混ぜる。
❷フライパンにサラダ油を熱し、❶、れんこんを焼く。全体に焼き色がついて火が通ったら余分な脂をペーパータオルでふき取り、Ⓑを加えてからめる。器に盛り、白いりごまをふる。

わかめときゅうりのしょうがナムル

材料（3人分）
乾燥わかめ（水でもどし、固く絞る） … 大さじ2
きゅうり（4つ割りにして斜め切り） … 1本
鶏ガラスープの素 … 小さじ1
おろししょうが … 小さじ½
ごま油・白いりごま … 各小さじ2

作り方
❶ボウルにすべての材料を入れて混ぜる。

大根の甘酢漬け

材料（3人分＋翌日弁当分）
大根（1.5cm角に切る） … 200g
Ⓐ水・酢 … 各¼カップ
　塩 … 小さじ¼
　砂糖 … 大さじ4
　赤唐辛子（小口切り） … 少々

作り方
❶小鍋にⒶを入れて火にかけ、砂糖を溶かす。煮立ったら火を止める。
❷ボウルに大根を入れて熱いうちに❶を加え、粗熱がとれたら冷蔵室で1時間以上おく。

かにかまとねぎの春雨スープ

材料（3人分）
かに風味かまぼこ（手で細く割る） … 5本
細ねぎ（5cm長さに切る） … 5本
乾燥春雨 … 30g
Ⓐ水 … 2カップ
　鶏ガラスープの素 … 小さじ2
　オイスターソース … 小さじ1
　しょうゆ … 小さじ1
　おろししょうが … 小さじ⅓
片栗粉（同量の水で溶く） … 大さじ½
ごま油 … 小さじ1

作り方
❶鍋にかに風味かまぼこ、細ねぎの下の部分、Ⓐを入れて火にかけ、煮立ったら乾燥したままの春雨を加えて弱火で3〜4分煮る。
❷水溶き片栗粉を加え、軽く混ぜる。とろみがついたら細ねぎの上の部分を加えて強火にし、煮立ったらごま油を回し入れる。

2 週目 の 昼ごはん
Lunch

月 なすのはさみ焼き弁当

1人分¥71

ゆで卵の
みそマヨソース
作り方 P119

なすの
はさみ焼き
作り方 P29

にんじんの
コチュジャンあえ
作り方 P119

わかめと
かにかまの
春雨サラダ
作り方 P29

ミニトマト

火 豚肉となすの油淋鶏風弁当

1人分¥97

ピーマンと
かにかまの
のりあえ
作り方 P41

豚肉となすの
油淋鶏風
作り方 P41

大根皮の
ポリポリ漬け
作り方 P41

中華風
卵焼き
作り方 P119

ミニトマト

水 胸肉と大根の ガーリックバター炒め弁当

1人分¥109

小松菜の
洋風おひたし
作り方 P43

胸肉と大根の
ガーリック
バター炒め
作り方 P43

長ねぎと
かにかまの
卵炒め
作り方 P118

お花ハム
作り方 P121

木 玉ねぎとちくわの 紅しょうがかき揚げ弁当

1人分¥57

長ねぎの
バターしょうゆサラスパ
作り方 P120

玉ねぎとちくわの
紅しょうがかき揚げ
作り方 P120

大根皮の
ポリポリ漬け
作り方 P41

えのきの
和風マリネ
作り方 P45

ミニトマト

金 ブロッコリーの茎と
ベーコンの巻きカツ弁当

1人分 ¥75

きゅうりの
ごま酢あえ
作り方 P121

ブロッコリーの茎と
ベーコンの巻きカツ
作り方 P121

大根のしょうが
あんかけ
作り方 P47

ミニトマトの
即席漬け
作り方 P47

土 あんかけ卵にゅうめん献立

1人分 ¥66

干しえびとねぎの
混ぜごはん
作り方 P121

あんかけ卵
にゅうめん

あんかけ卵にゅうめん

材料(3人分)

しいたけ(軸を除き薄切り) … 3個
卵(溶きほぐす) … 2個
A 水 … 3カップ
　白だし … ½カップ
　みりん … 大さじ1と½
　しょうゆ … 大さじ1

おろししょうが … 適量
片栗粉(同量の水で溶く)
　… 大さじ2
そうめん … 200g
細ねぎ(小口切り) … 適量

作り方

①鍋に**A**、しいたけを入れて火にかけ、煮立ったらおろししょうがが大さじ1を加えて弱火にし、水溶き片栗粉を加えて軽く混ぜる。とろみがついたら強火にし、静かに混ぜながら溶き卵を回し入れる。
②そうめんは袋の表記通りにゆでて水けをきり、器に盛る。①をかけ、細ねぎ、おろししょうがが適量をのせる。

日 ハッシュドビーフ揚げパン献立

1人分 ¥94

ハッシュドビーフ揚げパン
(P49ごろごろお肉の
ハッシュドビーフのアレンジ)

サラダ

カレーポテト

にんじんとベーコンの
チーズコンソメ
作り方 P51

ハッシュドビーフ
揚げパン

材料(3人分)

食パン(耳を切り落とし、
　めん棒で薄く伸ばす) … 4枚
ごろごろお肉のハッシュドビーフ
　(作り方P49) … 120g
ピザ用チーズ … 適量
A 小麦粉 … 20g
　水 … 大さじ2
　マヨネーズ … 小さじ1と½
パン粉 … 適量
サラダ油 … 適量

作り方

①食パンの上半分にハッシュドビーフ、ピザ用チーズをのせ、端に混ぜ合わせた**A**を少量塗って半分にたたむ。菜箸を横にして端を押さえ、**A**、パン粉の順にころもをつける。
②鍋にサラダ油を2～3cm深さに入れて170℃に熱し、①を揚げ焼きにする。好みでみじん切りしたパセリをふる。

カレーポテト

材料(3人分)

じゃがいも(8等分のくし形に切る) … 3個
小麦粉 … 大さじ2
A カレー粉 … 小さじ⅓
　鶏ガラスープの素 … 小さじ½
　塩・粗びき黒こしょう … 各少々
サラダ油 … 適量

作り方

①じゃがいもは水に10分さらし、水けをきって耐熱ボウルに入れる。ふんわりラップをかけて電子レンジで2～3分加熱する。
②①をバットに広げて15分ほどおき、粗熱が取れたら小麦粉を全体にまぶす。
③フライパンにサラダ油を深さ5cmほど入れて170℃に熱し、②をきつね色に揚げる。混ぜ合わせた**A**をまぶす。

りんご
ヨーグルト

月

干しえびとキャベツの チーズマヨトースト

1人分 ¥42

材料(2人分)
食パン(6枚切り) … 2枚
キャベツ(せん切り) … 2枚(100g)
塩 … 小さじ¼
🅐干しえび・マヨネーズ
　　… 各大さじ2
　牛乳 … 小さじ1
　鶏ガラスープの素・砂糖
　　… 各小さじ¼
ピザ用チーズ … 適量
粗びき黒こしょう … 少々

作り方
❶ボウルにキャベツ、塩を入れてもみ込み、5分ほどおいて水けを固く絞る。🅐を加えて混ぜる。
❷食パンに❶をのせ、ピザ用チーズをのせてオーブントースターで焼く。粗びき黒こしょうをふる。

火

…… りんご＆バナナ

鶏塩雑炊

1人分 ¥45

材料(3人分)
鶏塩スープ(P41鶏塩そうめんの
　スープの残り) … 2カップ
卵(溶きほぐす) … 1個
ご飯 … 丼1杯強(250g)
長ねぎ(小口切り) … ¼本
細ねぎ(小口切り) … 少々
ごま油 … 少々

作り方
❶鍋に鶏塩スープ、ご飯、長ねぎを入れて強火にかけ、煮立ったら溶き卵を流し入れる。好みの固さになったら器に盛り、細ねぎをのせてごま油を回しかける。好みで白いりごまをふる。

りんごヨーグルト

水

カスタードバナナパン

1人分 ¥76

材料(2人分)
食パン(6枚切り) … 2枚
バナナ(輪切り) … 2本
小麦粉 … 大さじ1
牛乳 … ½カップ
溶き卵(残りの卵液は昼の
　弁当おかずで使う) … ½個分
砂糖 … 大さじ2と½
バニラエッセンス … 1〜2滴

作り方
❶耐熱ボウルに小麦粉を入れ、牛乳を少しずつ加えながらその都度よく混ぜる。溶き卵、砂糖を順に加え、その都度混ぜる。
❷❶にふんわりラップをかけて電子レンジで1分加熱し、取り出して混ぜる。30秒加熱と混ぜるを2回繰り返し、バニラエッセンスをふって冷蔵庫で1時間冷やす。
❸トーストした食パンに❷を塗り、バナナを並べて好みで粉砂糖をふる。

大根菜と干しえびのおにぎり

1人分￥39

材料（3人分）
温かいご飯 … 茶碗2.5杯分（400g）
大根菜と干しえびのふりかけ
　（作り方P39）… 全量
塩 … 少々

作り方
❶ボウルにすべての材料を入れて混ぜ、5等分にし、三角ににぎる。

具だくさん豚汁
作り方 P45

木

バナナ
ヨーグルト

ハムとキャベツのコールスローサンド

1人分￥65

材料（2人分）
食パン（6枚切り、1枚を2等分にする）
　… 2枚
ハム（5㎜幅に切る）… 4枚
キャベツ（せん切り）
　… 2～3枚（200g）
塩 … 小さじ⅓
Ⓐマヨネーズ … 大さじ4
　レモン汁 … 小さじ½
　砂糖 … 小さじ½
　粗びき黒こしょう … 少々

作り方
❶ボウルにキャベツ、塩を入れてもみ込み、5分ほどおいて水けを固く絞る。ハム、Ⓐを加えて混ぜ、食パンにのせて残りのパンではさみ、半分に切る。

金

バナナヨーグルト

ブロッコリーとベーコンのチーズトースト

1人分￥59

材料（2人分）
食パン（6枚切り）… 2枚
ブロッコリーのコンソメあえ
　（作り方P49・小さく切る）
　… 100g
ベーコン（1㎝幅に切る）… 3枚
ピザ用チーズ … 適量
粗びき黒こしょう … 少々

作り方
❶食パンにブロッコリーのコンソメあえ、ベーコン、ピザ用チーズを順にのせ、オーブントースターで焼く。粗びき黒こしょうをふる。

土

日 ハッシュドビーフ
揚げパン献立
詳しいメニューは P55

3週目

One Plate Recipe

冷蔵庫が
ほぼカラになったので
1週目同様にがっつり購入
残ってる乾物系も
使い切りモード!

今週の買い物

©赤字は見切り品

日曜日に購入

¥4199

[肉・魚]
- ◎鮭3切れ ¥358
- ◎鶏もも肉4枚 1200g ¥816

[野菜・くだもの]
- ◎大根⅓本 ¥60
- ◎トマト2個 ¥111
- ◎さつまいも2本 ¥108
- ◎れんこん ¥98
- ◎長いも ¥138
- ◎グリーンアスパラ5本 ¥138

- にんじん3本 ¥128
- ほうれん草 ¥138
- じゃがいも5個 ¥148
- 細ねぎ ¥98
- 玉ねぎ3個 ¥128
- ミニトマト ¥198
- リーフレタス ¥128
- オレンジ ¥98
- ◎パイナップル ¥69
- レモン ¥128

[その他]
- 食パン6枚切り ¥78
- 牛乳 ¥169
- 卵 ¥179
- プレーンヨーグルト ¥128
- はんぺん ¥88
- 木綿豆腐3パック ¥58
- かに風味かまぼこ2袋 ¥116
- 油揚げ5枚 ¥59
- 糸こんにゃく ¥49
- ちくわ ¥58
- ベーコン ¥129

水曜日に買い足し

¥1396

[肉・魚]
- ◎豚ひき肉250g ¥242
- 鶏胸肉700g ¥448

[野菜・くだもの]
- ◎チンゲン菜 ¥68
- もやし ¥29

- 豆苗 ¥98
- 長ねぎ2本 ¥158
- ◎しょうが ¥68

[その他]
- 牛乳 ¥169
- うどん3玉 ¥57
- ちくわ ¥58

合計 **¥5594**(税抜)

在庫ゾーン

先週の残り食材
- にんにく

今週使うウエルシア食材 ¥0
- 紅しょうが
- 味つけのり
- 乾燥わかめ
- 梅干し
- ヤングコーン
- 塩昆布
- ツナ缶
- ピザ用チーズ
- 乾燥ひじき
- 水煮トマト缶
- コーン缶
- ホットケーキミックス
- カレールウ

おうち菜園で収穫 ¥0
- 大葉
- パセリ
- 再生豆苗

3 週目の献立リスト

※❖印は前日の夜などに多めに作りおきしたメニュー
※サラダはその日にある生野菜を添えるだけ

	朝	昼	夜
月	●さつまいもの 　ハニートースト ●パイナップルヨーグルト	❖ヤンニョムれんこんチキン ❖大根の甘酢漬け ●わかめのごまあえ ●ゆで卵のねぎ塩だれ	●鮭の和風ムニエル ●糸こんにゃくとにんじんのきんぴら風 ●トマトの塩昆布あえ ●大根皮と卵のすまし汁 ●サラダ
火	●甘辛お揚げの混ぜおにぎり ❖大根皮と卵のすまし汁	❖鮭の和風ムニエル ❖糸こんにゃくとにんじんのきんぴら風 ●アスパラとちくわの七味マヨ添え ●紅しょうがの卵焼き ●ミニトマト	●かにかまだんご ●卵の巾着煮 ●れんこんとひじきのツナサラダ ●ほうれん草のしょうがだしあえ ●サラダ
水	●トマトとベーコンの 　チーズクリームトースト ●オレンジヨーグルト	❖かにかまだんご ❖卵の巾着煮 ●さつまいもの混ぜご飯 ●再生豆苗とちくわのマヨポンあえ ●ミニトマト	●鶏肉とじゃがいものトマト煮 ❖れんこんとひじきのツナサラダ ●かにかまとアスパラの和風クリームスープ ●サラダ
木	●ちくわとねぎの 　みそ焼きおにぎり ❖かにかまとアスパラの 　和風クリームスープ	❖鶏肉とじゃがいものトマト煮 ●長いものり巻き ●再生豆苗とベーコンのカレーマリネ ●ミニトマト	●肉だんごの甘酢あん ●もやしとねぎの無限ナムル ●にんじんのマヨポンあえ ●コーンと卵の中華スープ ●サラダ
金	●梅わかめおにぎり ❖コーンと卵の中華スープ	❖肉だんごの甘酢あん ❖もやしとねぎの無限ナムル ●ちくわのうまマヨ焼き ●玉ねぎのおかかポン酢 ●ミニトマト	●胸肉の竜田揚げ ❖にんじんのマヨポンあえ ●豆苗とチンゲン菜のかにかまおひたし ●長いもと豆腐のみそ汁 ●サラダ
土	●コーンとベーコンの蒸しパン ●パイナップルヨーグルト	●カレーうどん	●焼き鳥丼 ❖豆苗とチンゲン菜の 　かにかまおひたし ●鶏皮スープ *ラクチンday*
日	●玉ねぎとかにかまのトースト ●オレンジヨーグルト	●じゃがベーコンのクリームリゾット	●ねぎ塩チキン ●にんじんなます ●わかめと玉ねぎのごまうまあえ ●長ねぎとじゃがいものポタージュ ●サラダ

水曜日にコレ作ります！

胸肉から
皮だけ外して
鶏皮ストック

キッチンばさみでひと口大に切り、ラップに
包んで冷蔵保存（見切り品で購入した場合は
冷凍）。スープやあえものの具など、肉がない
ときの代わりに使えます。

3 週目 月 Monday

朝 さつまいものハニートーストセット (P76)

昼 ヤンニョムれんこんチキン弁当 (P74)

夜 # 鮭の和風ムニエル献立 1人分 ¥197

週はじめは頑張りすぎず、ラクな切り身献立からスタート。
甘辛い照り焼きにすると、白ごはんがもりもりすすみます。安くて日持ちがして
かさがでる糸こんにゃくは、きんぴら風にすると子どもも大喜び!

大根皮と卵のすまし汁

糸こんにゃくと
にんじんのきんぴら風

サラダ

トマトの
塩昆布あえ

鮭の和風
ムニエル

● 捨てちゃう大根の皮はすまし汁の具に
● 見切り品の生鮭は照り焼き味でおいしく調理
● かさまし力満点の糸こんにゃくを副菜に活用

鮭の和風ムニエル

材料(3人分+翌日弁当分)
生鮭 … 3切れ(300g)
塩 … 少々
小麦粉 … 大さじ1
Ⓐ しょうゆ・酒・みりん … 各大さじ1と½
│ 砂糖 … 大さじ½
サラダ油 … 小さじ2

作り方
❶生鮭は塩をふり、10分ほどおく。水けを拭き、両面に小麦粉をまぶす。
❷フライパンにサラダ油を熱し、❶を皮目から並べ入れる。3〜4分焼いて裏返し、ふたをして弱火で3分蒸し焼きにする。
❸余分な汚れをペーパータオルで拭き取り、Ⓐを鮭に回しかけながら加えて全体にからめる。

大根皮と卵のすまし汁

材料(3人分+翌日朝食分)
大根の皮(細切り) … 200g
卵(溶きほぐす) … 1個
Ⓐ水 … 4カップ
│ 白だし … 大さじ5
│ 塩 … 小さじ½
細ねぎ(小口切り) … 少々

作り方
❶鍋に大根の皮、Ⓐを入れて火にかけ、煮立ったら弱火にして14〜15分煮る。強火にして静かに混ぜながら溶き卵を流し入れる。
❷器に盛り、細ねぎをふる(半量は翌朝用に残す)。

糸こんにゃくとにんじんのきんぴら風

材料(3人分+翌日弁当分)
糸こんにゃく(7〜8cm長さに切る) … 200g
にんじん(細切り) … ⅓本(50g)
塩 … 小さじ½
Ⓐ しょうゆ・みりん … 大さじ1
│ 和風顆粒だしの素 … 小さじ¼
│ 砂糖 … 小さじ2
白いりごま … 大さじ1と½
ごま油 … 小さじ1

作り方
❶小鍋に糸こんにゃく、かぶるくらいの水、塩を入れ、沸騰後、1分ゆでて水けをきる。
❷フライパンにごま油を熱し、にんじんを軽く炒める。全体に油がまわったら❶を加えて2分ほど炒め、Ⓐを加えて汁けがなくなるまで炒める。白いりごまをふって混ぜる。

トマトの塩昆布あえ

材料(3人分)
トマト(8等分のくし形切り) … 2個
Ⓐ塩昆布 … 大さじ1と½
│ ごま油 … 大さじ1
│ めんつゆ(2倍濃縮) … 小さじ1
│ 塩 … ひとつまみ
│ 白いりごま … 小さじ2

作り方
❶ボウルにⒶを入れて混ぜ、トマトを加えてあえる。

朝 甘辛お揚げの混ぜおにぎりセット (P76)

昼 鮭の和風ムニエル弁当 (P74)

夜 かにかまだんご献立 1人分¥169

節約献立は、メインを肉や魚にこだわらないことも大切。たとえば、
かにかま、豆腐、はんぺんを混ぜたたねを焼けば、立派なおかずに。
困ったときに頼れる卵は、副菜のボリュームアップに大活躍です。

サラダ

れんこんとひじきの
ツナサラダ

卵の巾着煮

かにかまだんご

ほうれん草の
しょうがだしあえ

かにかまだんご

材料（3人分＋翌日弁当分）

Ⓐ はんぺん（袋の上から指で粗く潰す）… 1枚（90g）
　木綿豆腐 … 50g
　長いも（さいの目切りにして水にさらす）… 50g
　かに風味かまぼこ（手で割く）… 6本
　マヨネーズ … 大さじ1
　鶏ガラスープの素 … 小さじ½
　片栗粉・ごま油 … 各小さじ2
　ピザ用チーズ … 大さじ1と½
サラダ油 … 小さじ2

作り方

❶ ボウルにⒶを入れて混ぜ、9等分にして平丸に成形する。
❷ フライパンにサラダ油を熱し、❶を焼く。焼き色がついたら上下を返して両面を焼く。

油以外の材料を全部入れて混ぜるだけ。はんぺん、豆腐、長いもがつなぎ役に。

れんこんとひじきのツナサラダ

材料（3人分＋翌日夕食分）

れんこん（5mm厚さのいちょう切りにし、酢水につける）… 150g
にんじん（細切り）… ⅓本（50g）
乾燥ひじき（水でもどして固く絞る）… 大さじ4
ツナ缶（油をきる）… 1缶（70g）
Ⓐ マヨネーズ … 大さじ3
　和風顆粒だしの素・砂糖 … 各小さじ⅔
　しょうゆ・酢 … 各小さじ1
　白すりごま … 大さじ2

作り方

❶ 耐熱ボウルに水けをきったれんこん、にんじん、ひじきを入れ、ふんわりラップをかけて電子レンジで4分加熱する。ざるにあげて水けをきる。
❷ ボウルに❶、ツナ缶、Ⓐを加えて混ぜる。

卵の巾着煮

材料（3人分＋翌日弁当分）

油揚げ … 2枚
卵 … 4個
大根（1cm幅のいちょう切り）… 200g
にんじん（1cm幅のいちょう切り）… ⅓本（50g）
Ⓐ 水 … 1カップ
　めんつゆ（2倍濃縮）… ½カップ
　砂糖 … 小さじ2

作り方

❶ 油揚げは熱湯をかけて水けを軽くきる。長さ半分に切り、袋の口を開く。
❷ 耐熱ボウルに大根を入れ、ふんわりラップをかけて電子レンジで2分加熱する。取り出して軽く混ぜ、にんじんを加えてさらに2分加熱する。ざるにあげて水けをきる。
❸ ❶の1切れに卵1個を割り入れ、爪楊枝で口を留める。残りも同様にして作る。
❹ 小鍋に❸を立てかけるように入れ、すき間に❷を入れる。Ⓐを加えて火にかけ、煮立ったら落としぶたをして弱めの中火で15分煮る。

ほうれん草のしょうがだしあえ

材料（3人分）

ほうれん草 … 1わ（200g）
Ⓐ 白だし … 大さじ1
　みりん（30秒レンチン）… 大さじ½
　おろししょうが … 小さじ½
　白いりごま … 小さじ2

作り方

❶ ほうれん草は塩ゆでして水にさらし、固く絞って4〜5cm長さに切る。
❷ ボウルに❶、Ⓐを入れてあえる。

朝 トマトとベーコンのチーズクリームトーストセット (P76)

昼 かにかまだんご弁当 (P74)

夜

鶏肉とじゃがいもの トマト煮献立 1人分¥156

2品だけのラクチンデー。トマト煮は、具材を焼いてトマト缶で煮込むだけ。お手軽でおいしい最強メニューです♪　1週目から育てた豆苗も収穫時期に。お昼のお弁当おかずに使います!

れんこんとひじきの
ツナサラダ
作り方 P63

サラダ

かにかまとアスパラの
和風クリームスープ

鶏肉とじゃがいもの
トマト煮

鶏肉とじゃがいものトマト煮

材料(3人分＋翌日弁当分)
鶏もも肉(ひと口大に切る) … 1枚(300g)
じゃがいも(1cm幅の半月切りにして水にさらす) … 3個
小麦粉 … 大さじ2
塩・こしょう … 各少々
Ⓐ水煮トマト缶 … 1缶(400g)
　水 … ¾カップ
　トマトケチャップ … 大さじ2
　顆粒コンソメ … 小さじ2と½
　しょうゆ … 小さじ1
　砂糖 … 小さじ2
　おろしにんにく … 小さじ½
　ローリエ … 1枚
バター … 15g
粉チーズ … 少々
サラダ油 … 小さじ1

作り方
❶耐熱ボウルにじゃがいもを入れ、ふんわりラップをかけて電子レンジで4分加熱する。ざるにあげて水けをきる。
❷鶏肉は塩、こしょうをふり、小麦粉をまぶす。
❸フライパンにサラダ油を熱し、❷の皮目から焼く。鶏肉の両面に焼き色がついたらフライパンの汚れを拭き、❶、Ⓐを加える。煮立ったら弱火にして10分ほど煮る。バターを加えて溶かす。器に盛り、粉チーズをかける。好みでみじん切りしたパセリをふる。

かにかまとアスパラの 和風クリームスープ

材料(3人分＋翌日朝食分)
かに風味かまぼこ(手で割る) … 5本
グリーンアスパラガス(斜め切り) … 3本
玉ねぎ(薄切り) … ½個
Ⓐ水 … 3カップ
　牛乳 … 1カップ
　顆粒コンソメ … 小さじ2と½
　みそ … 大さじ1
バター … 10g
粗びき黒こしょう … 少々

作り方
❶鍋にかに風味かまぼこ、アスパラガス、玉ねぎ、Ⓐを入れて火にかけ、煮立ったら弱火にし5〜6分煮る。バターを加えて溶かし、器に盛り、粗びき黒こしょうをふる(半量は翌朝用に残す)。

野菜を
切って加熱

水けを絞って
冷蔵室へ

ここまで
やっておく!

memi's
Column

すき間時間に野菜の 下ごしらえをしておくと 夕食のしたくがラク!

節約料理はひと手間かけるものが多いので、昼食の片づけついでなどに下ごしらえだけ済ませるようにしています(負担にならない程度)。あえものの野菜も下ゆでしておけばあとがラク!

3 週目 木 Thursday

朝 ちくわとねぎのみそ焼きおにぎりセット(P77)

昼 鶏肉とじゃがいものトマト煮弁当(P74)

夜 # 肉だんごの甘酢あん献立 1人分¥127

今夜は在庫食材を一掃する日。ちょっと少ないひき肉に木綿豆腐を
足してかさまし肉だねにします。食感がふわふわになるので、
子どもにも大好評！　野菜や缶詰は副菜とスープですっきり使い切り。

コーンと卵の
中華スープ

サラダ

にんじんの
マヨポンあえ

もやしとねぎの
無限ナムル

肉だんごの甘酢あん

- 肉だんごは豆腐でかさまし&ふわふわに
- 副菜2種類はすき間時間に下ごしらえしておくと時短
- メインとスープはとろみで腹持ちアップ

肉だんごの甘酢あん

材料(3人分＋翌日弁当分)

豚ひき肉 … 250g
木綿豆腐 … 100g
Ⓐマヨネーズ … 大さじ1
　片栗粉 … 大さじ1
　塩・こしょう … 各少々
チンゲン菜(縦に6等分に切る)
　… 1と½株

Ⓑ鶏ガラスープの素 … 小さじ½
　しょうゆ・オイスターソース
　　… 各大さじ1
　酢・砂糖 … 各小さじ4
　水 … 120mℓ
片栗粉(同量の水で溶く) … 小さじ2
ごま油 … 大さじ1
サラダ油 … 小さじ1

作り方

❶ボウルにひき肉、豆腐、Ⓐを入れてよく練り混ぜる。16等分にして丸く成形する。
❷フライパンにサラダ油を熱し、❶を並べる。片面に焼き色がついたら上下を返し、ふたをして弱火で3〜4分蒸し焼きにする。
❸余分な脂を拭き取りⒷを加えて中火にし、煮立ったら弱火にして水溶き片栗粉を加えて混ぜる。ごま油を回しかける。
❹耐熱皿にチンゲン菜を入れ、ふんわりラップをかけて電子レンジで2〜3分加熱する。水にさらし、水けを絞る。器に❸を盛り、チンゲン菜を添える。

もやしとねぎの無限ナムル

材料(3人分＋翌日弁当分)

もやし … 1袋
細ねぎ(5cm長さに切る) … 7〜8本
Ⓐ和風顆粒だしの素 … 小さじ½
　塩 … 小さじ⅓
　ごま油・白いりごま … 各小さじ2
　おろしにんにく … 少々

作り方

❶耐熱ボウルに細ねぎ、もやしを順に入れ、ふんわりラップをかけて電子レンジで3分加熱する。水にさらし、水けを固く絞る。
❷ボウルに❶、Ⓐを入れてあえる。

にんじんのマヨポンあえ

材料(3人分＋翌日夕食分)

にんじん(細切り) … 1本(150g)
Ⓐマヨネーズ … 大さじ2
　ポン酢しょうゆ … 大さじ1
　砂糖 … 小さじ¼
　白すりごま … 大さじ1
　塩 … ひとつまみ

作り方

❶耐熱ボウルににんじんを入れ、ふんわりラップをかけて電子レンジで3分加熱する。粗熱をとる。
❷ボウルに❶、Ⓐを入れてあえる。

コーンと卵の中華スープ

材料(3人分＋翌日朝食分)

コーン缶 … 95g
木綿豆腐(さいの目に切る) … 150g
玉ねぎ(薄切り) … ½個
卵(溶きほぐす) … 1個
Ⓐ水 … 4カップ
　鶏ガラスープの素 … 大さじ1と⅔
　めんつゆ(2倍濃縮) … 大さじ1
片栗粉(同量の水で溶く) … 大さじ1
細ねぎ(小口切り) … 少々
ごま油 … 大さじ1

作り方

❶鍋にコーン、豆腐、玉ねぎ、Ⓐを入れて火にかけ、煮立ったら弱火にし、水溶き片栗粉を加える。とろみがついたら強火にし、溶き卵を回し入れて静かに混ぜる。ごま油をふる。
❷器に盛り、細ねぎをのせる(半量は翌朝用に残す)。

朝 梅わかめおにぎりセット(P77)

昼 肉だんごの甘酢あん弁当(P75)

夜 # 胸肉の竜田揚げ献立 1人分¥162

パサつきやすい鶏胸肉は塩を加えた砂糖水に漬け込むのがコツ。
しっとりジューシーになるので、特売の鶏肉が大変身します。
ころもの粉は、片栗粉でサクサク&カリカリ。

にんじんの
マヨポンあえ
作り方P67

長いもと
豆腐のみそ汁

サラダ

豆苗とチンゲン菜の
かにかまおひたし

胸肉の竜田揚げ

胸肉の竜田揚げ

材料(3人分)

鶏胸肉(ひと口大のそぎ切り) … 大⅔枚(250g)

Ⓐ水 … 大さじ4

　砂糖 … 小さじ1

　塩 … 小さじ½

Ⓑしょうゆ … 大さじ1と½

　酒・みりん … 各大さじ1

　おろししょうが … 小さじ2

片栗粉 … 大さじ6

揚げ油 … 適量

作り方

❶鶏肉を漬け込む。ボウルに鶏胸肉、Ⓐを入れて軽くもみ込み、砂糖が溶けたらⒷを加えて混ぜる。常温に30分おく。

❷ボウルに汁けをきった❶、片栗粉を入れて全体にしっかり粉を混ぜる。

❸鍋に揚げ油を4〜5cm深さに入れて160℃に熱し、❷を3〜4分揚げる。火を強めて170℃に上げ、30秒揚げる。

meml's
Column

豆苗は再生栽培で
二度おいしい!

豆苗は脇芽が2つ生えているすぐ上をカット。根元はバットやトレーなどに入れ、水を入れて日当たりのいい室内におくと2週間ほどで写真の姿に。副菜やスープにもう一度使えます。

豆苗とチンゲン菜の
かにかまおひたし

材料(3人分＋翌日夕食分)

豆苗 … 1袋

チンゲン菜(5cm長さに切る) … ½株

かに風味かまぼこ(手で割く) … 5本

Ⓐ白だし … 大さじ1と½

　水 … ½カップ

　おろししょうが … 小さじ½

作り方

❶豆苗は5cm長さに切り、根元は水につけて再生栽培する(下コラム参照)。

❷耐熱ボウルに豆苗、チンゲン菜を入れ、ふんわりラップをかけて電子レンジで2分加熱する。水にさらし、水けを固く絞る。

❸ボウルにⒶを入れて混ぜ、❷、かに風味かまぼこを加えて10分ほどおく。

長いもと豆腐のみそ汁

材料(3人分)

長いも(短冊切りにして水にさらす) … 80g

木綿豆腐(さいの目に切る) … 75g

Ⓐ水 … 2カップ

　和風顆粒だしの素 … 小さじ⅔

　みりん … 大さじ½

みそ … 大さじ2

細ねぎ(小口切り) … 少々

作り方

❶鍋に長いも、豆腐、Ⓐを入れて火にかける。煮立ったら弱火にして5分ほど煮る。みそを溶かし入れて火を止める。器に盛り、細ねぎをふる。

3 週目 土 Saturday

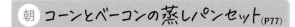

朝 コーンとベーコンの蒸しパンセット(P77)

昼 カレーうどん(P75)

夜 # 焼き鳥丼献立 1人分¥168

あれこれ忙しい土曜日。食材の在庫も少ないので、昼はカレーうどん、
夜は簡単な丼献立で済ませます。スープのだしは、水曜日に保存して
おいた鶏皮を活用。副菜は前日の残りでラクチン♪

豆苗とチンゲン菜の
かにかまおひたし
作り方 P69

焼き鳥丼

鶏皮スープ

焼き鳥丼

材料(3人分)
鶏もも肉(小さめのひと口大に切る) … 1枚(300g)
長ねぎ(2〜3cm長さに切る) … ⅔本
Ⓐ しょうゆ … 小さじ1
   酒 … 小さじ2
小麦粉 … 大さじ2
Ⓑ しょうゆ・みりん … 各大さじ2
   砂糖 … 大さじ1
温かいご飯 … 適量
細ねぎ(小口切り)・刻みのり … 各少々
白いりごま・七味唐辛子 … 各少々
サラダ油 … 大さじ1

作り方
❶ボウルに鶏肉、Ⓐを入れてもみ込む。10分ほどおいて小麦粉を加え、混ぜる。
❷フライパンにサラダ油小さじ1を熱し、長ねぎを焼く。焼き目をしっかりつけたら上下を返し、ふたをして弱火で5分蒸し焼きにする。いったん取り出す。
❸フライパンの汚れを軽く拭き、サラダ油小さじ2を足して❶を焼く。片面に焼き色がついたら上下を返し、ふたをして弱火で5分蒸し焼きにする。ねぎを戻し入れてⒷを加え、強火で煮からめる。
❹器にご飯を盛り、❸をのせて細ねぎ、刻みのり、七味唐辛子、白いりごまをふる。

鶏皮スープ

材料(3人分)
鶏皮(細切り) … 2枚分
しょうが(せん切り) … 1かけ
玉ねぎ(薄切り) … ½個
細ねぎ(5cm長さに切る) … 6本
木綿豆腐(さいの目に切る) … 75g
Ⓐ 水 … 2カップ
   和風顆粒だしの素 … 小さじ½
   しょうゆ … 小さじ2
   酒 … 大さじ½
   みりん … 小さじ1
   塩 … ひとつまみ
ごま油 … 小さじ½

作り方
❶鍋にごま油を熱し、しょうがを炒める。香りが出てきたら鶏皮を加え、皮に焼き色がついたら、玉ねぎ、細ねぎの下の部分を加えて軽く炒める。
❷Ⓐ、豆腐を加え、アクをとりながらひと煮立ちさせる。弱火にして7〜8分煮たら細ねぎの上の部分を加える。

チーズ味
きなこ味
カレー味

memi's
Column

使い残したうどんは揚げておつまみスナックにリメイク!

おやつはポイントやクーポンを使って安く買いますが、簡単なものは手作りすることも。息子のお気に入りは、使い残したうどんを揚げ焼きしたスナックうどん。味変えすると1袋で3度楽しめます!

スナックうどん
材料(作りやすい分量)
ゆでうどん(水分を拭き
   6〜7cm長さに切る) … 1袋
小麦粉 … 大さじ3
サラダ油 … 適量

Ⓐ きなこ味
きな粉・砂糖 … 各小さじ1

Ⓑ カレー味
カレー粉 … 小さじ⅓
塩 … ひとつまみ

Ⓒ チーズ味
粉チーズ … 小さじ1
粉砂糖 … 小さじ½
塩 … ひとつまみ
粗びき黒こしょう … 少々

作り方
❶ポリ袋に小麦粉、うどんを入れて振り混ぜる。
❷フライパンにサラダ油を多めに入れて熱し、❶を薄く色づくまで揚げる。
❸Ⓐ、Ⓑ、Ⓒをそれぞれポリ袋に入れ、粗熱が取れた❷を⅓量ずつ加えて振り混ぜる。

3 週目 日
Sunday

朝 玉ねぎとかにかまのトーストセット (P77)

昼 じゃがベーコンのクリームリゾット (P75)

 夜 # ねぎ塩チキン献立 1人分 ¥130

大きな胸肉をドーンと焼いたボリューミーなねぎ塩チキン。
下味のマヨネーズでやわらかくジューシーに仕上げます。
半端に残った長ねぎとじゃがいもは、じっくり煮込んでポタージュに。

長ねぎとじゃがいもの
ポタージュ

サラダ

わかめと玉ねぎの
ごまうまあえ

ねぎ塩チキン

にんじんなます

● たっぷりのねぎだれで見た目を豪華に
● 副菜の野菜がたりないときは乾燥わかめの出番
● スープはじっくり煮るととろけるおいしさに

ねぎ塩チキン

材料（3人分＋翌日弁当分）

鶏胸肉 … 1枚（300g）

Ⓐマヨネーズ … 大さじ1
│ しょうゆ … 小さじ1

小麦粉 … 大さじ2

片栗粉 … 大さじ2

Ⓑ長ねぎ（みじん切り） … ½本
│ 鶏ガラスープの素 … 小さじ1
│ おろしにんにく … 小さじ⅓
│ 塩 … ひとつまみ
│ ごま油 … 大さじ3

細ねぎ（小口切り）・白いりごま … 各適量

サラダ油 … 大さじ2

作り方

❶鶏肉は厚みのある部分を開き、縦3等分に切る。両面をフォークで刺してバットに入れ、Ⓐをもみ込んで10分以上おく。小麦粉、片栗粉の順にまぶして軽く押さえる。

❷フライパンにサラダ油を熱し、❶を両面焼いて食べやすく切り分ける。混ぜ合わせたⒷをかけ、細ねぎ、白いりごまをふる。

にんじんなます

材料（3人分＋翌日弁当分）

にんじん（せん切り） … 1本（150g）

塩 … 小さじ⅓

Ⓐ酢・みりん（1分レンチン） … 各大さじ1
│ しょうゆ … 小さじ1
│ 砂糖 … 小さじ½
│ 赤唐辛子（小口切り） … 少々

作り方

❶ボウルににんじん、塩を入れてもみ込み、10分おく。

❷ボウルに固く絞った❶、Ⓐを入れて10分なじませる。

わかめと玉ねぎのごまうまあえ

材料（3人分）

玉ねぎ（繊維を断つように薄切り） … ¼個

乾燥わかめ（水でもどして固く絞る） … 大さじ2

Ⓐ鶏ガラスープの素 … 小さじ1
│ めんつゆ（2倍濃縮） … 小さじ2
│ 白すりごま・ごま油 … 各小さじ2

作り方

❶玉ねぎは酢水に10分さらし、水けをしっかり拭く。

❷ボウルに❶、わかめ、Ⓐを入れてあえる。

長ねぎとじゃがいものポタージュ

材料（3人分）

長ねぎ（小口切り） … 1/4本

じゃがいも（1cm幅の半月切りにして水にさらす）
　　… 1個（100g）

バター … 10g

Ⓐ水 … 1カップ
│ 白だし … 大さじ1と½

牛乳 … ¾カップ

Ⓑ白すりごま・粗びき黒こしょう … 各少々

作り方

❶鍋にバターを溶かし、長ねぎ、水けをきったじゃがいもを軽く炒める。Ⓐを加え、ひと煮立ちしたら弱火にしてふたをし、20分煮る。

❷粗熱をとって牛乳を加え、ブレンダーまたはミキサーでなめらかにする。鍋に戻し、火にかける。ときどき混ぜながらひと煮立ちしたら器に盛り、Ⓑをふる。

3 週目 の 昼ごはん
Lunch

月 ヤンニョムれんこんチキン弁当

1人分 ¥76

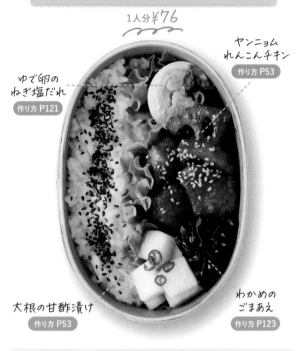

ゆで卵の
ねぎ塩だれ
作り方 P121

ヤンニョム
れんこんチキン
作り方 P53

大根の甘酢漬け
作り方 P53

わかめの
ごまあえ
作り方 P123

火 鮭の和風ムニエル弁当

1人分 ¥114

糸こんにゃくと
にんじんの
きんぴら風
作り方 P61

鮭の
和風ムニエル
作り方 P61

アスパラとちくわの
七味マヨ添え
作り方 P121

糸しょうがの
卵焼き
作り方 P121

ミニトマト

水 かにかまだんご弁当

1人分 ¥107

卵の巾着煮
作り方 P63

再生豆苗と
ちくわの
マヨポンあえ
作り方 P120

ミニトマト

さつまいもの
混ぜご飯
作り方 P121

かにかまだんご
作り方 P63

木 鶏肉とじゃがいものトマト煮弁当

1人分 ¥98

長いもの
のり巻き
作り方 P118

鶏肉と
じゃがいもの
トマト煮
作り方 P65

ミニトマト

再生豆苗と
ベーコンのカレーマリネ
作り方 P120

金 肉だんごの甘酢あん弁当

1人分¥95

肉だんごの
甘酢あん
作り方 P67

玉ねぎの
おかかポン酢
作り方 P122

ミニトマト

ちくわの
うまマヨ焼き
作り方 P119

もやしとねぎの
無限ナムル
作り方 P67

日 じゃがベーコンのクリームリゾット

1人分¥52

材料(3人分)
ご飯 … 茶碗2.5杯分(400g)
じゃがいも(さいの目に切って
　水にさらす)… 1個(130g)
にんにく(みじん切り) … 1片
ベーコン(細切り) … 4枚
Ⓐ水 … ½カップ
　牛乳 … 1カップ
　めんつゆ(2倍濃縮) … 小さじ2
　顆粒コンソメ … 小さじ1と½
ピザ用チーズ … 大さじ2
粉チーズ・粗びき黒こしょう
　… 各少々
オリーブ油 … 小さじ1

作り方
❶耐熱ボウルにじゃがいもを入れ、ふんわりラップをかけて電子レンジで2分加熱する。ざるにあげて水けをきる。
❷フライパンにオリーブ油を熱し、にんにくを炒める。香りが出たらベーコンを加えて炒め、焼き色がついたら❶を加えて軽く炒める。
❸Ⓐ、ご飯を加えて強火にし、2分ほど煮る。ピザ用チーズを加えてチーズが溶けたら器に盛り、粉チーズ、粗びき黒こしょう、好みでみじん切りしたパセリをふる。

土 カレーうどん

1人分¥81

材料(3人分)
ゆでうどん … 3玉
鶏胸肉(小さめのそぎ切り)
　… 大⅓枚(100g)
Ⓐしょうゆ … 小さじ½
　酒 … 小さじ1
　おろししょうが … 少々
片栗粉 … 適量
玉ねぎ(薄切り) … ½個
長ねぎ(斜め切り) … ½本
油揚げ(熱湯をかけて1cm幅に切る)
　… 1枚
Ⓑ水 … 3と¾カップ
　めんつゆ(2倍濃縮)
　… ¾カップ
　みりん … 大さじ1
カレールウ … 3かけ(60g)
細ねぎ(斜め切り) … 少々
サラダ油 … 小さじ1

作り方
❶ボウルに鶏肉、Ⓐを入れてもみ込み、10分ほどおく。片栗粉大さじ1を加えて混ぜる。
❷フライパンにサラダ油を熱し、❶を焼く。焼き色がついたら玉ねぎ、長ねぎを加えて炒め、全体に油がまわったら油揚げを加えて軽く炒める。
❸Ⓑを加え、ひと煮立ちしたらアクをとり、弱火にして10分ほど煮る。カレールウを割り入れて溶かし、同量の水で溶いた片栗粉大さじ1を回し入れる。とろみがついたら強火にして煮立たせる。
❹うどんは袋の表記通りに温めて器に盛り、❸をかけて細ねぎをのせる。

月

パイナップル
ヨーグルト

さつまいものハニートースト

1人分¥64

材料(2人分)
食パン(6枚切り) … 2枚
さつまいも … 1本(150g)
Ⓐはちみつ … 大さじ1
├ 水 … 小さじ2
└ レモン汁 … 小さじ1
バター … 10g
黒いりごま … 少々

作り方
❶さつまいもは皮ごと1cm幅のいちょう切りにして水にさらし、水けをきって耐熱ボウルに入れる。Ⓐを加えて混ぜ、ふんわりラップをかけて電子レンジで4分加熱する。
❷食パンに❶をのせ、オーブントースターで焼く。バターをのせ、黒いりごまをふる。

火

甘辛お揚げの混ぜおにぎり

1人分¥22

材料(3人分)
温かいご飯 … 茶碗2.5杯分(400g)
油揚げ(熱湯をかけて短冊切り)
 … 2枚
Ⓐ水 … ½カップ
├ しょうゆ … 大さじ1
├ 砂糖 … 大さじ2
└ 和風顆粒だしの素 … 小さじ⅔
白いりごま … 大さじ1

作り方
❶小鍋に油揚げ、Ⓐを入れて中火にかけ、汁けがなくなるまで煮る。
❷ボウルにご飯、❶、白いりごまを入れて混ぜ、5等分にし、丸くにぎる。好みでみじん切りにした紅しょうがをのせる。

大根皮と卵のすまし汁
作り方 P61

水

トマトとベーコンの
チーズクリームトースト

1人分¥82

材料(2人分)
食パン(6枚切り) … 2枚
ミニトマト
 (ヘタを取り4等分に切る) … 6個
ベーコン(1cm幅に切る) … 3枚
Ⓐ小麦粉 … 大さじ1
└ バター … 7g
牛乳 … 80㎖
顆粒コンソメ … 小さじ¼
粉チーズ … 小さじ2
ピザ用チーズ … 適量

オレンジヨーグルト

作り方
❶耐熱ボウルにⒶを入れ、ラップをかけずに電子レンジで20～30秒加熱する。すばやく混ぜ、牛乳を少しずつ加えながら混ぜる。顆粒コンソメを加え、さらに40秒加熱して混ぜる。とろみがつくまで、20秒ずつ加熱して混ぜるを繰り返し、とろみがついたら粉チーズを加えて混ぜる。
❷食パンに❶を塗り、ミニトマト、ベーコン、ピザ用チーズを順にのせ、オーブントースターで焼く。好みでみじん切りにしたパセリ、粗びき黒こしょうをふる。

ちくわとねぎのみそ焼きおにぎり

1人分¥66

材料（3人分）
温かいご飯 … 茶碗2.5杯分(400g)
ちくわ(輪切り) … 3本
白いりごま … 適量
塩 … 少々
Ⓐみそ … 大さじ2
　みりん … 大さじ1
　砂糖 … 小さじ2
細ねぎ(小口切り) … 少々

（木）

作り方
❶ボウルにご飯、ちくわ、白いりごま
適量を入れて混ぜ、5等分にし、三角
ににぎる。
❷混ぜ合わせたⒶを❶の片面に塗り、
オーブントースターで焼く。細ねぎ、
白いりごま少々をふる。

かにかまとアスパラの
和風クリームスープ
作り方 P65

梅わかめおにぎり

1人分¥12

材料（3人分）
温かいご飯 … 茶碗2.5杯分(400g)
乾燥わかめ … 大さじ1
梅干し(塩分6%) … 2個(正味15g)
Ⓐしょうゆ … 小さじ½
　砂糖・塩 … 各ひとつまみ
　白いりごま … 小さじ2
味つけのり … 5枚

（金）

作り方
❶乾燥わかめは水で戻して固く絞り、
細かく刻む。梅干しは種を取り、包丁
でたたく。
❷ボウルにご飯、❶、Ⓐを入れて混ぜ、
5等分にし、俵型ににぎる。味つけの
りを巻く。

コーンと卵の
中華スープ
作り方 P67

コーンとベーコンの蒸しパン

1人分¥45

材料（2人分・直径6cmの
耐熱シリコンカップ5個分）
コーン缶 … 25g
ベーコン(1cm幅に切る) … 3枚
Ⓐホットケーキミックス … 100g
　牛乳 … 60ml
　卵 … 1個
　サラダ油 … 大さじ1
　粗びき黒こしょう … 少々
　塩 … ひとつまみ

パイナップルヨーグルト

（土）

作り方
❶ボウルにⒶを入れてよく混ぜ、ベー
コンを加えて軽く混ぜる。耐熱カッ
プに流し入れ、コーンを散らす。
❷フライパンに深さ2cmほど水を入れ、
❶を並べる。ふたをして弱火で12〜
13分蒸す(ふたの水滴が気になる場合
は濡れふきんで包む)。つま楊枝を刺し、
生地がつく場合はさらに蒸す。好みで
みじん切りにしたパセリをのせる。

オレンジ
ヨーグルト

玉ねぎとかにかまのトースト

1人分¥60

材料（2人分）
食パン(6枚切り) … 2枚
Ⓐ玉ねぎ(薄切り) … ¼個
　かに風味かまぼこ(手で割る) … 4本
　マヨネーズ … 大さじ2
　和風顆粒だしの素 … 小さじ¼
　砂糖 … 小さじ⅓
ピザ用チーズ … 適量

（日）

作り方
❶食パンに混ぜ合わせたⒶをのせ、ピ
ザ用チーズを散らし、オーブントース
ターで焼く。好みでみじん切りにした
パセリ、粗びき黒こしょうをふる。

4週目

One Plate Recipe

先週の残りがあるので
今週は控えめモード。
でも、週末はおしゃれな
ブランチも楽しみます！

● 今週の買い物

◎赤字は見切り品

日曜日に購入
¥3210

[肉・魚]
- たら大3切れ ¥458
- ◎豚バラ薄切り肉850g ¥769

[野菜・くだもの]
- ◎長ねぎ2本 ¥98
- 長いも ¥78
- 小松菜2袋 ¥158
- ピーマン5個 ¥78
- 大根 ¥128

- ◎もやし ¥19
- にんじん3本 ¥128
- にら ¥98
- 細ねぎ ¥128
- オクラ ¥98
- リーフレタス ¥128
- バナナ ¥98

[その他]
- 食パン6枚切り ¥78
- 牛乳 ¥179
- 卵 ¥198
- ちくわ ¥58
- かに風味かまぼこ ¥58
- ベビーチーズ ¥98
- 焼きそば2袋 ¥38
- 油揚げ2枚 ¥39

水曜日に買い足し
¥1049

[肉・魚]
- ◎豚ひき肉200g ¥169

[野菜・くだもの]
- ◎しめじ大パック ¥98
- 白菜1/2個 ¥158
- ◎ほうれん草 ¥79
- ブロッコリー ¥128

- ◎れんこん ¥104
- もやし ¥19
- 玉ねぎ2個 ¥78
- なす2本 ¥128

[その他]
- はんぺん ¥88

合計 ¥4259(税抜)

在庫ゾーン

先週の残り食材
- 鶏もも肉
- にんにく
- レモン
- しょうが
- 自家製ヨーグルト
  （P51コラム参照）

今週使うウエルシア食材 ¥0
- 乾燥春雨
- 味つけのり
- サラダスパゲティ
- ピザ用チーズ
- スパゲティ
- 水煮トマト缶
- ホットケーキミックス
- 紅しょうが
- カレールウ
- 韓国のり
- コーン缶
- 塩昆布
- 梅干し
- ツナ缶

プランター菜園で収穫 ¥0
- ミニトマト
- 大葉
- パセリ

4 週目の献立リスト

※❀印は前日の夜などに多めに作りおきしたメニュー
※サラダはその日にある生野菜を添えるだけ

	朝	昼	夜
月	●マヨ玉コーントースト ●バナナヨーグルト	❀ねぎ塩チキン ❀にんじんなます ●ピーマンの辛みそ炒め ●ねぎちくわの照り焼き ●ミニトマト	●大根と豚バラのポン酢しょうが煮 ●小松菜の野沢菜風 ●大根皮とちくわの甘辛炒め ●もやしとコーン、長ねぎのみそ汁 ●サラダ
火	●カレーチーズおにぎり ❀もやしとコーン、長ねぎのみそ汁	❀大根と豚バラのポン酢しょうが煮 ❀大根皮とちくわの甘辛炒め ●ピーマンのごまおかかあえ ●かにかまの白だし卵焼き ●ミニトマト	●たらと長いものチリソース ●大根のピリ辛ナムル ●台湾風焼きそば ●小松菜とかにかまの中華ごまポン酢 ●サラダ
水	●ツナとピーマンのピザトースト ●バナナヨーグルト	❀たらと長いものチリソース ❀台湾風焼きそば ●にらのツナしょうゆあえ ●ミニトマト	●豚バラ大根の塩だれ丼 *ラクチンday* ●にんじんの塩バターソテー ●具だくさんしょうがみそ汁 ●サラダ
木	●のり玉おにぎり ❀具だくさんしょうがみそ汁	❀豚バラ大根の塩だれ ●ねぎみそチーズ巾着 ●ピリ辛塩昆布サラスパ ●ゆで卵の紅しょうがマヨ ●ミニトマト	●鶏肉ときのこのチーズクリーム煮 ❀にんじんの塩バターソテー ●れんこんマリネ ●にんじんと卵のコンソメスープ ●サラダ
金	●コーンバターごはん ❀にんじんと卵のコンソメスープ	❀鶏肉ときのこのチーズクリーム煮 ❀れんこんマリネ ●にんじんの粒マスタードマリネ ●ミニトマト	●コーンのサクサク揚げ ●うま塩ブロッコリー ●ほうれん草のごまマヨあえ ●白菜とかにかまのチャンポン風 ●サラダ
土	●甘辛チーズ焼きおにぎり ❀白菜とかにかまのチャンポン風	●ミートボールパスタ	●バターチキンカレー ❀うま塩ブロッコリー ●にんじんと大根のピクルス ●白菜とにんじんのしょうがスープ ●サラダ
日		●ホケミナン ❀バターチキンカレー ❀にんじんと大根のピクルス ●ホテル風スクランブルエッグ ●サラダ *ブランチday*	●なすの豚巻き ●白菜のごまだしあえ ●大根とツナののりサラダ ●もやしと春雨のみそスープ ●サラダ

朝 マヨ玉コーントーストセット(P96)

昼 ねぎ塩チキン弁当(P94)

夜

大根と豚バラの ポン酢しょうが煮献立 1人分¥123

安くて立派な大根が買えたので、月曜日はからだにやさしい
和食献立でほっこりと。しょうが煮の大根はレンチンすれば、
煮込み時間は10分。味がしみしみでとってもおいしいです。

もやしとコーン、
長ねぎのみそ汁

サラダ

小松菜の
野沢菜風

大根と豚バラの
ポン酢しょうが煮

大根皮と
ちくわの甘辛炒め

大根と豚バラの ポン酢しょうが煮

材料(3人分＋翌日弁当分)
豚バラ薄切り肉(10cm長さに切る) … 250g
大根 … 250g
しょうが(せん切り) … 1かけ
Ⓐ水 … 1カップ
酒・みりん … 各大さじ2
ポン酢しょうゆ … 大さじ3と½
鶏ガラスープの素 … 小さじ1
細ねぎ(小口切り)・白いりごま … 各少々
サラダ油 … 小さじ½

作り方
❶大根は皮を厚めにむき、1cm幅のいちょう切り
にする(皮は副菜で使う)。耐熱ボウルに大根を入れ、
ふんわりラップをかけて電子レンジで3～4分加熱
する。
❷フライパンにサラダ油を熱し、しょうがを炒める。
香りが出たら豚肉を加え、肉の色が変わったら❶を
加えて炒め合わせる。
❸Ⓐを加え、煮立ったら弱火にして落としぶたをし、
10分煮る。器に盛り、細ねぎ、白いりごまをふる。

小松菜の野沢菜風

材料(3人分)
小松菜(5cm幅に切る) … 1わ(200g)
Ⓐ白だし … 小さじ2と½
しょうゆ … 小さじ1
酢・砂糖 … 各小さじ½
赤唐辛子(小口切り) … 少々

作り方
❶耐熱ボウルに小松菜を入れ、ふんわりラップをか
けて電子レンジで3分加熱する。水にさらし、水け
を固く絞る。
❷ボウルに❶、Ⓐを入れて混ぜる。冷蔵室で30分ほ
どおく。

大根皮とちくわの甘辛炒め

材料(3人分＋翌日弁当分)
大根の皮(細切り) … 200g
ちくわ(長さを半分に切って細切り) … 3本
Ⓐ水 … ½カップ
和風顆粒だしの素 … 小さじ⅓
しょうゆ・みりん … 各小さじ2
砂糖 … 小さじ1と½
ごま油 … 小さじ1

作り方
❶フライパンにごま油を熱し、大根の皮を炒める。
透き通ってきたらちくわを加えて炒め合わせる。Ⓐ
を加え、汁けがなくなるまで炒め煮にする。

もやしとコーン、長ねぎのみそ汁

材料(3人分＋翌日朝食分)
もやし … ½袋
コーン缶 … 60g
長ねぎ(斜め切り) … ⅓本
Ⓐ水 … 4カップ
和風顆粒だしの素 … 小さじ1と⅓
みりん … 大さじ1
みそ … 大さじ4

作り方
❶鍋に長ねぎ、コーン、Ⓐを入れて火にかけ、煮立
ったら弱火にして5分ほど煮る。もやしを加え、み
そを溶かし入れる(半量は翌朝用に残す)。

4 週目 火 Tuesday

朝 カレーチーズおにぎりセット (P96)

昼 大根と豚バラのポン酢しょうが煮弁当 (P94)

夜 **たらと長いものチリソース献立** 1人分¥254

安く買えたたらを使って、今夜は子どもも食べられるチリソースに。
長いもと卵をプラスして、切り身魚を豪華に見せます。
スープのない献立ですが、いつもとひと味違う台湾風焼きそばで満足度アップ！

大根のピリ辛ナムル

サラダ

小松菜とかにかまの
中華ごまポン酢

たらと長いもの
チリソース

台湾風焼きそば

たらと長いものチリソース

材料（3人分＋翌日弁当分）

たら（ひと口大に切る）
　… 3切れ（250g）
長いも（1cm幅のいちょう切りにして
　水にさらす）… 250g
小麦粉 … 大さじ1
Ⓐ長ねぎ（みじん切り）… ⅛本
　しょうが・にんにく（みじん切り）
　　… 各1かけ
　豆板醤 … 小さじ⅓
Ⓑ水 … 1カップ
　鶏ガラスープの素 … 小さじ1
　トマトケチャップ … 大さじ3
　しょうゆ・砂糖 … 各小さじ2
　酒 … 大さじ1

片栗粉（同量の水で溶く）
　… 大さじ½
卵（溶きほぐす）… 1個
細ねぎ（小口切り）・白いりごま
　… 各少々
サラダ油 … 小さじ4
ごま油 … 小さじ2

作り方

❶フライパンにサラダ油小さじ1を熱し、溶き卵を流し入れる。半熟状に火を通していったん取り出す。
❷たらは塩（分量外）をふって5分ほどおき、水けがあれば拭き取って小麦粉をまぶす。
❸フライパンにサラダ油小さじ2を熱し、❷を焼いて取り出す。汚れを軽く拭き、サラダ油小さじ1を足して水けを拭いた長いもを焼いて取り出す。
❹フライパンにごま油小さじ2を熱し、Ⓐを入れる。香りが出たらⒷを加え、煮立ったら弱めの中火にして❸を戻し入れる。
❺2～3分煮たら弱火にし、水溶き片栗粉を回し入れる。とろみがついたら強火にし、❶を戻し入れる。好みでごま油小さじ1を回しかける。器に盛り、細ねぎ、白いりごまをふる。

大根のピリ辛ナムル

材料（3人分）

大根（細切り）… 150g
Ⓐ塩 … ひとつまみ
　砂糖 … 小さじ⅓
Ⓑ酢・砂糖 … 各小さじ2
　白いりごま … 小さじ2
　ごま油 … 小さじ1
　塩 … 小さじ¼
　赤唐辛子（小口切り）… 少々

作り方

❶耐熱ボウルに大根、Ⓐを入れてもみ込み、10分ほどおいて固く絞る。Ⓑを加えてあえる。

台湾風焼きそば

材料（3人分＋翌日弁当分）

豚バラ薄切り肉（5cm幅に切る）… 100g
焼きそば用麺 … 2袋
塩・こしょう … 各少々
もやし … ½袋
長ねぎ（斜め薄切り）… ⅓本
Ⓐ鶏ガラスープの素 … 小さじ1
　オイスターソース・酒 … 各大さじ1と½
　おろしにんにく … 小さじ⅓
にら（5cm長さに切る）… ⅓わ（30g）
サラダ油 … 小さじ½

作り方

❶焼きそばは袋に穴をあけ、袋ごと電子レンジで1分30秒加熱する。
❷フライパンにサラダ油を熱し、豚肉に塩、こしょうをふって炒める。肉の色が変わったら❶、もやし、長ねぎを順にのせ、ふたをして弱火で3～4分蒸し焼きにする。
❸麺をほぐしながら全体を混ぜ、にら、Ⓐを加えて炒め合わせる。

小松菜とかにかまの
中華ごまポン酢

材料（3人分）

小松菜（5cm長さに切る）… 1わ（200g）
かに風味かまぼこ（手で割く）… 4本
Ⓐポン酢しょうゆ … 大さじ1
　白すりごま … 大さじ1
　めんつゆ（2倍濃縮）… 小さじ1
　ごま油 … 大さじ½

作り方

❶耐熱ボウルに小松菜を入れ、ふんわりラップをかけて電子レンジで3分加熱する。水にさらし、水けを固く絞る。
❷ボウルに❶、かに風味かまぼこ、Ⓐを入れてあえる。

夜

豚バラ大根の 塩だれ丼献立 1人分¥107

今夜は簡単でおいしく、財布にもやさしい節約丼に決定♪
煮物の大根は苦手な息子も、これならおかわりをするほどよく食べます。
冷蔵庫整理も兼ねて、残り食材はみそ汁で使って具だくさんに。

具だくさん
しょうがみそ汁

サラダ

にんじんの
塩バターソテー

豚バラ大根の
塩だれ丼

豚バラ大根の塩だれ丼

材料（3人分＋翌日弁当分）
豚バラ薄切り肉（5㎝幅に切る）… 250g
大根（薄い短冊切り）… 300g
Ⓐ 鶏ガラスープの素 … 小さじ2
　白だし・酒 … 各大さじ1
　おろしにんにく … 小さじ½
温かいご飯 … 適量
細ねぎ（小口切り）・白いりごま … 各少々
ごま油 … 小さじ2

作り方
❶フライパンにごま油を熱し、大根を炒める。半透明になったらいったん取り出す。
❷続けて豚肉を炒める。肉の色が変わったら大根を戻し入れ、Ⓐを加えて汁けがなくなるまで炒め合わせる。
❸器にご飯を盛り、❷をかける。細ねぎ、白いりごまをふる。

memo
Column

朝食で残ったパンの耳は小腹満たしにアレンジ

サンドイッチを作るときに切り落としたパンの耳は、そのまま食べてもいいのですが、ひと手間かけるとおいしいスナックに早変わり！甘くないのでお酒のおつまみにもなります。

食パンの耳ラスク
材料（作りやすい分量）
食パンの耳（2㎝幅に切る）
　… 4枚分
Ⓐ 顆粒コンソメ … 小さじ¼
　青のり … 小さじ½
　塩 … ひとつまみ
オリーブ油 … 大さじ3

作り方
フライパンにオリーブ油を熱し、食パンをカリカリに焼く。Ⓐを加えて混ぜる。

にんじんの塩バターソテー

材料（3人分＋翌日夕食分）
にんじん（ピーラーで細長くむく）… 1本（150g）
バター … 15g
塩 … 小さじ⅓強
砂糖 … 小さじ⅓
みりん … 大さじ½

作り方
❶耐熱ボウルにすべての材料を入れ、ふんわりラップをかけて電子レンジで2分加熱する。取り出して軽く混ぜ、さらに2分加熱する。器に盛り、好みで粗びき黒こしょうをふる。

具だくさんしょうがみそ汁

材料（3人分＋翌日朝食分）
にんじん（細切り）… ⅓本（50g）
長ねぎ（斜め切り）… ⅓本
玉ねぎ（薄切り）… ¼個
油揚げ（油抜きをし、短冊切り）… 1枚
Ⓐ しょうが（せん切り）… 1かけ
　水 … 4カップ
　和風顆粒だしの素 … 小さじ1と⅓
　酒 … 大さじ1
　みりん … 大さじ1
みそ … 大さじ4

作り方
❶鍋に野菜、油揚げ、Ⓐを入れて火にかけ、煮立ったら弱火にして7〜8分煮る。みそを溶かし入れる（半量は翌朝用に残す）。

4 週目 **木**
Thursday

朝 のり玉おにぎりセット (P97)

昼 豚バラ大根の塩だれ弁当 (P94)

 夜

鶏肉ときのこの
チーズクリーム煮献立 1人分¥151

生クリームは使わず、牛乳とピザ用チーズで濃厚なチーズ
クリーム煮に。箸休めのさっぱりマリネはれんこんで作ります。
盛りつけポイントは濃い色の器。白いソースが映えます♪

にんじんの
塩バターソテー
作り方 P85

サラダ

れんこんマリネ

にんじんと卵の
コンソメスープ

鶏肉ときのこのチーズクリーム煮

● チーズで濃厚に仕上げて満足感のあるメインに
● 野菜1種類で作れる副菜で品数を多く
● 漬け時間が必要なマリネは仕込みを早めに

鶏肉ときのこのチーズクリーム煮

材料(3人分＋翌日弁当分)
鶏もも肉(ひと口大に切る) … 1枚(300g)
しめじ(小房に分ける) … 2パック
塩・こしょう … 各少々
小麦粉 … 大さじ1
Ⓐ牛乳 … 1と¼カップ
　顆粒コンソメ … 小さじ1と⅓
ピザ用チーズ … 大さじ3
片栗粉(同量の水で溶く) … 大さじ½
バター … 5g
オリーブ油 … 小さじ4

作り方
❶鶏肉は塩、こしょうをふり、小麦粉をまぶす。
❷フライパンにオリーブ油小さじ2を熱し、❶を皮目から焼く。焼き色がついたら上下を返し、ふたをして弱火で4〜5分蒸し焼きにし、いったん取り出す。
❸フライパンの汚れを軽く拭き、オリーブ油小さじ2を強火で熱し、しめじを焼く。全体に焼き色がついたら❷、Ⓐを加え、煮立ったら弱火にして2〜3分煮る。水溶き片栗粉を加えてとろみをつける。
❹ピザ用チーズを加えて中火にし、混ぜながらチーズが溶けるまで煮る。仕上げにバターを加えて溶かす。
❺器に盛り、好みでみじん切りしたパセリをふる。

れんこんマリネ

材料(3人分＋翌日弁当分)
れんこん(5mm厚さの半月切りにし、酢水にさらす) … 200g
Ⓐ酢・水 … 各大さじ6
　砂糖 … 大さじ3
　塩 … 小さじ⅔
　ローリエ … 1枚
　赤唐辛子(小口切り) … 少々

作り方
❶れんこんは熱湯で1分ゆでてざるに上げ、バットに移す。
❷小鍋にⒶを入れてひと煮立ちさせ、火を止める。熱いうちに❶に加えてラップを密着させ、粗熱がとれたら、冷蔵室で1時間以上おく。

にんじんと卵のコンソメスープ

材料(3人分＋翌日朝食分)
にんじん(細切り) … ⅓本(50g)
玉ねぎ(薄切り) … ½個
卵(溶きほぐす) … 1個
Ⓐ水 … 4カップ
　顆粒コンソメ … 大さじ1
　しょうゆ … 大さじ1
　みりん … 小さじ2

作り方
❶鍋ににんじん、玉ねぎ、Ⓐを入れ、煮立ったら弱火にして7〜8分煮る。
❷強火にして静かに混ぜながら溶き卵を流し入れる(半量は翌朝用に残す)。器に盛り、好みで粗びき黒こしょうをふる。

手作りの香草バターでおしゃれなカフェ気分を満喫

プランターにハーブがわさわさ育っているときは、ちょっとつまんでバターに混ぜ、香草バターに。ただのトーストも、これを塗るとまるでカフェのモーニング♪ プチぜいたく気分です。

香草バター

材料(作りやすい分量)
好みのハーブ(ディル、イタリアンパセリなどを刻む) … 適量
バター(常温でやわらかくする) … 30g
ハーブソルト … 小さじ¼

作り方
すべての材料を入れて混ぜる

朝 コーンバターごはんセット(P97)

昼 鶏肉ときのこのチーズクリーム煮弁当(P95)

夜 # コーンのサクサク揚げ献立 1人分 ¥129

サクサク揚げは、家族の大好物。パン粉を食パンの角切りにすると
一気にボリュームアップして、かさまし効果バツグン♪
食パンのカットや野菜の下ゆでは、夕食づくりの前に用意しておくと時短に。

白菜とかにかまの
チャンポン風

サラダ

うま塩ブロッコリー

ほうれん草の
ごまマヨあえ

コーンのサクサク揚げ

● サクサク揚げは食パンのころもで超BIG!
● 自家製ガリマヨソースでお店レベルの味に
● しっかり味のちゃんぽん風スープは満足度高い

コーンのサクサク揚げ

材料(3人分)
コーン缶 … 45g
はんぺん(袋の外から指で潰す) … 1枚(90g)
食パン(1cm角に切る) … 2枚
Ⓐ マヨネーズ … 小さじ2
　鶏ガラスープの素 … 小さじ⅓
　片栗粉 … 大さじ2
Ⓑ 小麦粉・水 … 各大さじ2
Ⓒ マヨネーズ … 大さじ2
　粉チーズ … 小さじ1
　牛乳 … 小さじ2
　おろしにんにく … 小さじ⅓
　砂糖 … 小さじ⅓弱
　粗びき黒こしょう … 少々
揚げ油 … 適量

角切りにした食パンを全体につけると、たねが大きくなってボリューミーに。

作り方
❶ポリ袋にはんぺん、Ⓐを入れてよくもみ込み、コーンを加えて混ぜる。8等分にし、丸く成形する。
❷混ぜ合わせたⒷに❶のたねをつけ、バットに入れた食パンをまぶしてころもをつける。やさしく握って丸くととのえる。
❸鍋に揚げ油を170℃に熱し、❷をきつね色に揚げる。器に盛り、混ぜ合わせたⒸを添える。

うま塩ブロッコリー

材料(3人分＋翌日夕食分)
ブロッコリー … 1個(320g)
Ⓐ めんつゆ(2倍濃縮) … 大さじ1と½
　ごま油 … 小さじ2
　塩 … ふたつまみ

作り方
❶ブロッコリーは小房に分け、茎は厚くむいて食べやすく切り、塩ゆでする。
❷ボウルに❶、Ⓐを入れてあえる。

ほうれん草のごまマヨあえ

材料(3人分)
ほうれん草 … 1わ(200g)
Ⓐ めんつゆ(2倍濃縮) … 大さじ1
　マヨネーズ … 大さじ1と½
　砂糖・しょうゆ … 各小さじ½
　白すりごま … 大さじ1
　かつお節 … 大さじ2

作り方
❶ほうれん草はゆでて5cm長さに切り、水にさらして固く絞る。
❷ボウルに❶、Ⓐを入れてあえる。

白菜とかにかまの
チャンポン風

材料(3人分＋翌日朝食分)
白菜(細切り) … 2〜3枚(200g)
かに風味かまぼこ(手で割く) … 4本
Ⓐ 水 … 3カップ
　牛乳 … 1カップ
　鶏ガラスープの素 … 大さじ2
　酒 … 大さじ1
　しょうゆ … 大さじ1
もやし … ½袋
ごま油 … 大さじ1
白いりごま … 少々

作り方
❶鍋に白菜、かに風味かまぼこ、Ⓐを入れて火にかけ、煮立ったら弱火にして6〜7分煮る。
❷もやしを加えて1〜2分煮たらごま油を回しかける。器に盛り、白いりごまをふる(半量は翌朝用に残す)。

4 週目 土 Saturday

朝 甘辛チーズ焼きおにぎりセット(P97)

昼 ミートボールパスタ(P95)

 夜 # バターチキンカレー献立 1人分¥126

月の終わり頃に必ず登場するカレー献立。鶏肉は、種菌で増やした
自家製ヨーグルト（P51コラム参照）に漬け込んでおくと、やわらかな肉質に。
カレーは多めに作って翌日のブランチでも楽しみます。

サラダ

うま塩ブロッコリー
作り方 P89

にんじんと
大根のピクルス

白菜とにんじんの
しょうがスープ

バターチキンカレー

バターチキンカレー

材料（3人分＋翌日ブランチ分）
鶏もも肉（ひと口大に切る）… 1枚（300g）
玉ねぎ（薄切り）… 1個
塩・こしょう … 各少々
🅐プレーンヨーグルト … 120g
┃トマトケチャップ … 大さじ1と½
┃おろしにんにく … 小さじ½
🅑水煮トマト缶 … 150g
┃水 … 1と½カップ
カレールウ … 5かけ（100g）
牛乳 … 1カップ
バター … 20g
温かいご飯 … 適量
サラダ油 … 小さじ2

作り方
❶鶏肉は塩、こしょうをふってポリ袋に入れ、🅐を
加えて軽くもみ込む。冷蔵室に30分以上おく。
❷フライパンにサラダ油を熱し、玉ねぎを炒める。
半透明になったら❶を漬け汁ごと加え、汁けがなく
なるまで炒める。
❸🅑を加えて弱めの中火で5分ほど煮たら、カレ
ールウを割り入れて溶かす。牛乳を加えて弱火にし、
混ぜながら5分ほど煮る。バターを加えて溶かす
（半量は翌ブランチ用に残す）。
❹器にご飯を盛り、❸をかける。好みでみじん切り
にしたパセリをふる。

にんじんと大根のピクルス

材料（3人分＋翌日ブランチ分）
大根（5㎜幅のいちょう切り）… 150g
にんじん（5㎜幅のいちょう切り）… ½本（75g）
🅐にんにく（薄切り）… 1かけ
┃水・酢 … 各½カップ
┃酒・みりん … 各大さじ3
┃砂糖 … 大さじ3
┃塩 … 小さじ½
┃ローリエ … 1枚

作り方
❶鍋に🅐を入れて中火にかけ、煮立ったら5分煮る。
❷保存容器に大根、にんじん、❶を入れ、野菜にラ
ップを密着させてふたをし、1時間以上おく。

白菜とにんじんの
しょうがスープ

材料（3人分）
白菜（1㎝幅に切る）… 1～2枚（100g）
にんじん（細切り）… ⅓本（50g）
しょうが（せん切り）… 1かけ
🅐水 … 2カップ
┃顆粒コンソメ … 小さじ2
┃しょうゆ・みりん … 各小さじ1
粗びき黒こしょう … 少々
オリーブ油 … 小さじ2

作り方
❶鍋にオリーブ油を熱し、しょうがを炒める。香り
が出たら白菜、にんじんを加えて軽く炒める。
❷🅐を加えて7～8分煮る。器に盛り、粗びき黒こ
しょうをふる。

4 週目 日
Sunday

朝昼 ブランチ献立(P95)

夜 なすの豚巻き献立 1人分¥131

冷蔵庫整理デーの日曜日。少ない豚肉はなすでかさましして
メインらしいボリュームを出します。大根サラダは、時間のあるときに
水けを絞っておくところまで済ませておくと夕飯作りがラクに。

もやしと春雨の
みそスープ

サラダ

大根とツナの
のりサラダ

白菜のごまだしあえ

なすの豚巻き

なすの豚巻き

材料(3人分＋翌日弁当分)

なす(縦8等分に切る) … 2本
豚バラ薄切り肉 … 250g
片栗粉 … 大さじ1
Ⓐしょうゆ・みりん・酒 … 各大さじ1
　砂糖 … 小さじ2
　おろししょうが … 小さじ½
細ねぎ(小口切り)・白いりごま … 各少々
サラダ油 … 小さじ2

作り方

❶なすは水にさらして水けを拭き、豚肉を斜めに巻きつけて片栗粉をまぶす。
❷フライパンにサラダ油を熱し、❶を焼く。全体に焼き色がついたら余分な脂をペーパータオルで軽く拭き、Ⓐを加えて強火で煮からめる。
❸器に盛り、細ねぎ、白いりごまをふる。

白菜のごまだしあえ

材料(3人分＋翌日弁当分)

白菜(細切り) … 4〜5枚(500g)
Ⓐ白だし … 大さじ2
　しょうゆ … 大さじ½
　おろししょうが … 小さじ½
　白すりごま … 大さじ3

作り方

❶耐熱ボウルに白菜を入れ、ふんわりラップをかけて電子レンジで6〜7分加熱する。水にさらして水けを固く絞る。
❷ボウルに❶、Ⓐを入れてあえる。

大根とツナののりサラダ

材料(3人分)

大根(薄い短冊切り) … 300g
ツナ缶(油をきる) … 1缶(70g)
韓国のり(手でちぎる) … 8枚
Ⓐ塩 … 小さじ¼
　砂糖 … 小さじ½
Ⓑマヨネーズ … 大さじ2
　鶏ガラスープの素 … 小さじ1
　ごま油 … 小さじ2
　砂糖 … ひとつまみ
　白すりごま … 大さじ1

作り方

❶ボウルに大根、Ⓐを入れてもみ込み、10分ほどおく。水けを固く絞る。
❷ボウルに❶、ツナ、韓国のり、Ⓑを入れてあえる。

もやしと春雨のみそスープ

材料(3人分＋翌日朝食分)

もやし … ½袋
乾燥春雨 … 30g
Ⓐ水 … 4カップ
　鶏ガラスープの素 … 大さじ1
　みそ … 大さじ3
　みりん … 大さじ1
　おろしにんにく … 小さじ1
細ねぎ(小口切り) … 少々
ごま油 … 小さじ1

作り方

❶鍋にもやし、Ⓐを入れて火にかけ、煮立ったら乾燥したままの春雨を加えて2〜3分煮る。器に盛り、細ねぎ、ごま油をふる(半量は翌朝用に残す)。

4 週目 の 昼ごはん
Lunch

月 ねぎ塩チキン弁当

1人分¥98

ねぎちくわの
照り焼き
作り方 P118

ねぎ塩チキン
作り方 P73

※長ねぎの外側
は白髪ねぎに
してねぎ塩チ
キンにのせる

ミニトマト

ピーマンの
辛みそ炒め
作り方 P119

にんじん
なます
作り方 P73

火 大根と豚バラの ポン酢しょうが煮弁当

1人分¥101

ピーマンの
ごまおかかあえ
作り方 P122

大根と豚バラの
ポン酢しょうが煮
作り方 P81

大根皮とちくわの
甘辛炒め
作り方 P81

かにかまの
白だし卵焼き
作り方 P122

ミニトマト

水 たらと長いものチリソース弁当

1人分¥182

台湾風
焼きそば
作り方 P83

ミニトマト

にらの
ツナしょうゆあえ
作り方 P119

たらと長いもの
チリソース
作り方 P83

木 豚バラ大根の塩だれ弁当

1人分¥76

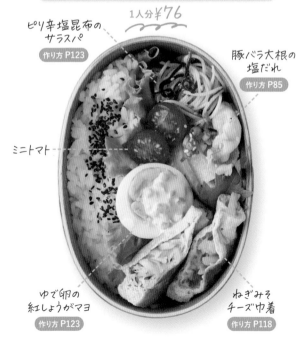

ピリ辛塩昆布の
サラスパ
作り方 P123

豚バラ大根の
塩だれ
作り方 P85

ミニトマト

ゆで卵の
紅しょうがマヨ
作り方 P123

ねぎみそ
チーズ巾着
作り方 P118

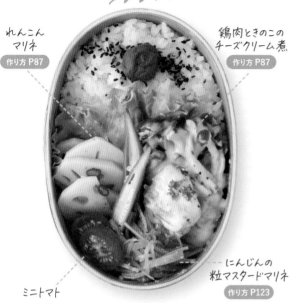

金 鶏肉ときのこの
チーズクリーム煮弁当

1人分¥107

れんこん
マリネ
作り方 P87

鶏肉ときのこの
チーズクリーム煮
作り方 P87

にんじんの
粒マスタードマリネ
作り方 P123

ミニトマト

土 ミートボールパスタ 1人分¥81

材料(3人分)
豚ひき肉 … 200g
玉ねぎ(薄切り) … ¼個
スパゲティ … 250g
Ⓐパン粉・牛乳 …
　　各大さじ1と⅓
　マヨネーズ … 小さじ2
　ナツメグ・塩 … 各小さじ¼
　おろしにんにく … 小さじ¼
にんにく(みじん切り) … 1片
Ⓑカットトマト缶 … 250g
　トマトケチャップ … 大さじ3
　顆粒コンソメ … 小さじ1と½
　砂糖 … 小さじ2
塩・こしょう・粉チーズ
　… 各少々
バター … 5g
オリーブ油 … 大さじ1

作り方
❶ボウルにひき肉、Ⓐを入れ、粘りが出るまで練り混ぜる。15等分にして丸く成形する。
❷フライパンにオリーブ油小さじ1を熱し、❶を焼く。全体に焼き色がついたらふたをし、4〜5分蒸し焼きにしていったん取り出す。
❸鍋に水7と½カップ、塩大さじ½(分量外)を入れ、スパゲティを袋の表記通りにゆでる。
❹フライパンの汚れを軽く拭いてオリーブ油小さじ2を熱し、にんにくを炒める。香りが出たら玉ねぎを加えて炒め、透き通ったらⒷ、❸のゆで汁大さじ5を加えてひと煮立ちさせる。湯をきった❸に❷を加えて炒め、塩、こしょうで味をととのえ、バターを加えて溶かす。
❺器に盛り、粉チーズをふる。好みでみじん切りにしたパセリをふる。

日 ブランチ献立

1人分¥100

ホケミナン
材料(3人分)
Ⓐホットケーキミックス … 150g
　小麦粉 … 100g
　塩 … 小さじ½
Ⓑプレーンヨーグルト … 70g
　水 … 60㎖
　サラダ油 … 大さじ1

作り方
❶ボウルにⒶを入れて菜箸で混ぜ、Ⓑを加えて軽く混ぜる(こねすぎず、生地がまとまる程度)。常温に10分ほどおく。
❷手にサラダ油少々をつけ、❶を3等分にしてナンの形に伸ばす。
❸フライパンにサラダ油小さじ1(分量外)を熱し、❷を1枚ずつ焼く。2〜3分焼いたら上下を返し、焼き色がついたらふたをして弱火で3分ほど焼く。残りも同様にして焼く。

にんじんと
大根のピクルス
作り方 P91

サラダ

バターチキンカレー
作り方 P91

ホテル風スクランブルエッグ
材料(3人分)
Ⓐ卵(溶きほぐす) … 2個
　ピザ用チーズ … 大さじ2
　牛乳 … 大さじ1と½
　塩 … 少々
バター … 10g

作り方
❶フライパンに弱火でバターを溶かし、混ぜ合わせたⒶを流し入れる。周りが固まってきたらゆっくり混ぜ、好みの固さに火を通す。

ホケミナン

ホテル風
スクランブルエッグ

月

マヨ玉コーントースト

1人分 ¥41

材料（2人分）
食パン（6枚切り）… 2枚
コーン缶 … 60g
Ⓐ マヨネーズ … 大さじ1と½
　砂糖 … 小さじ⅓
　顆粒コンソメ … 小さじ¼

バナナ
ヨーグルト

作り方
❶ふわふわ卵を作る。
❷❶にコーン、Ⓐを加えて混ぜる。食パンにのせ、オーブントースターで焼く。好みでみじん切りしたパセリ、粗びき黒こしょうをふる。

●ふわふわ卵／材料と作り方
卵（溶きほぐす）… 1個
牛乳 … 大さじ1
マヨネーズ … 小さじ1
耐熱容器にすべての材料を入れて混ぜ、ラップをかけずに電子レンジで40秒加熱する。取り出して軽く混ぜ、再び20〜30秒加熱する。好みの固さになるまで数秒ずつ繰り返す。

火

カレーチーズおにぎり

1人分 ¥18

材料（3人分）
ベビーチーズ（1個を12等分に切る）
　… 2個
Ⓐ 温かいご飯
　　… 茶碗2.5杯分（400g）
　カレー粉 … 小さじ⅓
　トマトケチャップ … 大さじ3
　顆粒コンソメ … 小さじ½弱
　塩 … 少々
トマトケチャップ … 少々

作り方
❶ボウルにⒶを入れて混ぜ、ベビーチーズを加えて軽く混ぜる。5等分にして丸くにぎる。
❷アルミホイルにサラダ油（分量外）を薄く塗り、❶を並べてオーブントースターで焼き色がつくまで焼く。器に盛り、トマトケチャップをつけて好みでみじん切りしたパセリをふる。

もやしとコーン、
長ねぎのみそ汁
作り方 P81

水

ツナとピーマンの
ピザトースト

1人分 ¥39

材料（2人分）
食パン（6枚切り）… 2枚
ツナ缶（油をきる）… 35g
ピーマン（輪切り）… 1個
ピザ用チーズ … 適量
Ⓐ トマトケチャップ
　　… 大さじ1と½
　しょうゆ … 小さじ⅓
　酢 … 小さじ½
　おろしにんにく … 小さじ¼

バナナヨーグルト

作り方
❶食パンに混ぜ合わせたⒶを塗り、ツナ、ピーマン、ピザ用チーズを順にのせ、オーブントースターで焼く。好みで粗びき黒こしょうをふる。

のり玉おにぎり

1人分 ¥34

材料（3人分）
卵 … 2個
Ⓐ めんつゆ（2倍濃縮）… 小さじ2
　マヨネーズ … 小さじ2
　砂糖 … ひとつまみ
味つけのり … 10枚
温かいご飯 … 茶碗2.5杯分（400g）
塩・白いりごま … 各少々

木

作り方
❶炒り卵を作る。耐熱ボウルに卵を溶きほぐし、Ⓐを加えて混ぜる。ラップをかけずに電子レンジで1分加熱する。取り出して菜箸で混ぜ、さらに40秒加熱して混ぜる。
❷ボウルにご飯、❶、ちぎった味つけのり、塩を加えて混ぜる。5等分にして三角ににぎり、白いりごまをふる。

具だくさん
しょうがみそ汁
作り方 P85

コーンバターごはん

1人分 ¥11

材料（3人分）
コーン缶 … 75g
バター … 5g
塩 … 少々
温かいご飯 … 茶碗2.5杯分（400g）

金

作り方
❶ボウルにすべての材料を入れて混ぜる。器に盛り、好みでみじん切りしたパセリをふる。

にんじんと卵の
コンソメスープ
作り方 P87

甘辛チーズ焼きおにぎり

1人分 ¥44

材料（3人分）
Ⓐ 温かいご飯
　　… 茶碗2.5杯分（400g）
　かつお節 … 大さじ3
　塩 … 少々
　ベビーチーズ
　　（1個を12等分に切る）… 2個
Ⓑ しょうゆ・みりん
　　… 各小さじ1と½

土

作り方
❶ボウルにⒶを入れて混ぜる。5等分にして三角ににぎり、合わせたⒷを片面に塗る。
❷アルミホイルにサラダ油（分量外）を薄く塗り、しょうゆを塗った面を上にして❶を並べ、オーブントースターで焼き色がつくまで焼く。

白菜とかにかまの
チャンポン風
作り方 P89

日

ブランチ献立

詳しいメニューは P95

5週目

One **P**late **R**ecipe

4週目まで引き締めたので
最後は5000円を
オーバーしても大丈夫！
残り物総ざらいで
ごちそうメニューに

● 今週の買い物

◎赤字は見切り品

日曜日に購入
¥3770

[肉・魚]
- 鶏胸肉4枚1300g ¥585
- ◎牛切り落とし肉250g ¥664

[野菜・くだもの]
- 小松菜 ¥89
- ◎ごぼう2本 ¥88
- ◎さつまいも2本 ¥161
- ◎大根⅓本 ¥39
- 玉ねぎ3個 ¥128
- 長ねぎ2本 ¥158

- じゃがいも7個 ¥158
- にんじん3本 ¥128
- 細ねぎ ¥98
- リーフレタス ¥128
- ミニトマト ¥155
- キウイ ¥98
- りんご ¥128

[その他]
- 食パン6枚切り ¥78
- 牛乳 ¥179
- プレーンヨーグルト ¥128
- 卵 ¥228
- ベーコン ¥129
- 糸こんにゃく ¥49
- 豆腐 ¥58
- かに風味かまぼこ ¥58
- ちくわ ¥58

水曜日に買い足し
¥1735

[肉・魚]
- ◎びんちょうまぐろ 300g ¥399
- ◎合いびき肉400g ¥271
- バナメイえび ¥189

[野菜・くだもの]
- ◎れんこん大 ¥158
- しめじ大2パック ¥98

- ◎かぼちゃ¼個 ¥158
- アボカド ¥138
- なす3本 ¥158
- 貝割れ菜 ¥59

[その他]
- ロールパン ¥49
- かに風味かまぼこ ¥58

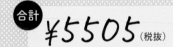
合計 **¥5505** （税抜）

在庫ゾーン

先週の残り食材
- レモン

今週使うウエルシア食材 ¥0
- スパゲティ
- 味つけのり
- ホットケーキミックス
- 梅干し
- ピザ用チーズ
- ツナ缶
- 紅しょうが
- ヤングコーン
- 乾燥わかめ
- 塩昆布

おうち菜園で収穫 ¥0
- 大葉
- パセリ
- 再生豆苗

5 週目の献立リスト

※❖印は前日の夜などに多めに作りおきしたメニュー
※「前夜のリメイク」は前日の夜の残りをアレンジしたメニュー
※サラダはその日にある生野菜を添えるだけ

	朝	昼	夜
月	●小松菜ふりかけおにぎり ❖もやしと春雨のみそスープ	❖なすの豚巻き ❖白菜のごまだしあえ ●大根皮とにんじんのきんぴら ●わかめとかにかまの酢のもの ●ミニトマト	●ひと口フライドチキン ●レンジナポリタン ●さつまいもサラダ ●ごぼうのポタージュ ●サラダ
火	●ねぎとかにかまのみそトースト ●キウイヨーグルト	❖ひと口フライドチキン ❖レンジナポリタン ●ベーコン卵焼き ●小松菜のめんつゆバター ●ミニトマト	●肉じゃが ❖さつまいもサラダ ●ごぼうのピリ辛漬け ●豆腐と大根のみそ汁 ●サラダ
水	●ツナとわかめの混ぜごはん ❖豆腐と大根のみそ汁	❖肉じゃが ●再生豆苗の塩昆布ナムル ●ふわふわ豆腐だし巻き卵	●びんちょうまぐろとアボカドの漬け丼 ●ツナとトマトの冷ややっこ ●再生豆苗と大根のすまし汁　ラクチンday
木	●きのこの 　にんにくオイルのせトースト ●りんごヨーグルト	●ちくわのマヨカツ ❖きのこのにんにくオイル ●貝割れのだししょうがあえ ●ミニトマト	●れんこんはさみ焼き ●鶏皮と玉ねぎのポン酢あえ ●かぼちゃと玉ねぎのマリネ ●豆腐と貝割れのとろ玉スープ ●サラダ
金	●かにかまとねぎの 　ごまおにぎり ❖豆腐と貝割れのとろ玉スープ	❖れんこんはさみ焼き ❖かぼちゃと玉ねぎのマリネ ●長ねぎベーコン巻き ●ミニトマト	●ポテト巻きエビフライ ●時短ペペロン ●れんこんとにんじんのカレーマヨ ●にんじんとベーコンのミルクスープ ●サラダ
土	●ホケミミルクパン ●キウイヨーグルト	●のり塩チキン ●なすのさっぱり漬け ●ミニトマト　お楽しみday ❖れんこんとにんじんのカレーマヨ ●おにぎり	●ロコモコ風ハンバーグ ❖なすのさっぱり漬け ●ごぼうとベーコンの洋風きんぴら ●サラダ
日	❖照り焼きハンバーグサンド 　（前夜のリメイク） ●りんごヨーグルト	●ガーリックバターチャーハン	●胸肉のり巻き　焼きかぼちゃ添え ●和風かにかまポテトサラダ ●くずし豆腐のごまみそスープ ●サラダ

月曜日にコレ作ります！

胸肉から皮だけ外して
鶏皮ストック

キッチンばさみでひと口大に切り、
ラップに包んで冷凍保存する。

5 週目 **月**
Monday

朝 小松菜ふりかけおにぎりセット (P116)

昼 なすの豚巻き弁当 (P114)

夜 # ひと口フライドチキン献立 1人分¥135

週初めはたっぷり食材があるけれど、一気に使いすぎないように注意!
家族が好きなフライドチキンもひと口サイズにして、
胸肉1枚でたくさん数がとれるように工夫します。

サラダ

ごぼうのポタージュ

さつまいもサラダ

レンジナポリタン

ひと口フライドチキン

ひと口フライドチキン

材料（3人分＋翌日弁当分）

鶏胸肉(ひと口大に切る) … 大1枚(350g)

Ⓐ鶏ガラスープの素 … 小さじ1と½
　オールスパイス … 小さじ¼
　おろしにんにく … 小さじ½
　マヨネーズ … 大さじ1
　牛乳 … 大さじ2

卵(溶きほぐす) … 1個

Ⓑ小麦粉 … 100g
　粉チーズ … 大さじ3
　塩 … 小さじ⅓
　粗びき黒こしょう … 小さじ½
　砂糖 … 小さじ1

揚げ油 … 適量

作り方

❶ボウルに鶏肉、Ⓐを入れてもみ込む。30分ほどおいて溶き卵を加え、よく混ぜる。

❷バットにⒷを混ぜ、❶を5〜6個ずつ入れて全体にまぶす。手で押さえてしっかり密着させる。

❸フライパンに揚げ油を170℃に熱し、余分な粉を落とした❷をきつね色に揚げる。

さつまいもサラダ

材料（3人分＋翌日夕食分）

さつまいも(皮ごと1.5cm角に切り水にさらす) … 2本(400g)

Ⓐマヨネーズ … 大さじ2
　牛乳 … 大さじ3
　砂糖 … 小さじ⅓
　塩 … ふたつまみ

作り方

❶耐熱ボウルに水けをきったさつまいもを入れ、ふんわりラップをかけて電子レンジで6〜7分加熱する。ざるに上げ、半量はマッシャーで潰す。粗熱をとる。

❷ボウルに❶、Ⓐを入れて混ぜる。

レンジナポリタン

材料（3人分＋翌日弁当分）

ベーコン(1cm幅に切る) … 2枚

にんじん(細切り) … ⅓本(50g)

玉ねぎ(薄切り) … ¼個

スパゲティ … 150g

Ⓐトマトケチャップ … 大さじ4
　おろしにんにく … 小さじ½
　砂糖・顆粒コンソメ … 各小さじ⅓

粉チーズ … 少々

作り方

❶鍋に水7と½カップ、塩大さじ½(分量外)を入れ、スパゲティを袋の表記通りにゆでる。

❷耐熱ボウルにベーコン、にんじん、玉ねぎの順に入れ、ふんわりラップをかけて電子レンジで3分加熱する。取り出して❶のゆで汁大さじ2、Ⓐ、湯をきったスパゲティを加えてあえる。

❸器に盛り、粉チーズ、好みでみじん切りしたパセリをふる。

ごぼうのポタージュ

材料（3人分）

ごぼう(縦半分に切って薄切りにし水にさらす) … 100g

長ねぎ(小口切り) … ¼本

Ⓐ水 … 1カップ
　めんつゆ(2倍濃縮) … 大さじ2
　みりん … 小さじ2
　和風顆粒だしの素 … 小さじ⅓
　ローリエ … 1枚

牛乳 … ¾カップ

オリーブ油・粗びき黒こしょう … 各少々

作り方

❶鍋に水けをきったごぼう、長ねぎ、Ⓐを入れて火にかけ、煮立ったら弱火にしてふたをし、30分ほど煮る。

❷❶の粗熱をとって牛乳を加え、ブレンダーまたはミキサーでなめらかにする。鍋に戻し入れて温める。器に盛り、オリーブ油を回しかけて粗びき黒こしょうをふる。

朝 ねぎとかにかまのみそトーストセット (P116)

昼 ひと口フライドチキン弁当 (P114)

夜 肉じゃが献立 1人分¥259

肉じゃがに欠かせないのが糸こんにゃく♪ 煮汁を吸ったおいしい
糸こんにゃくは子どもが大好きで、かさまし効果もばっちりです。
できたてより、少しさましたほうが味がよくしみますよ。

サラダ

豆腐と大根のみそ汁

肉じゃが

さつまいもサラダ
作り方 P101

ごぼうのピリ辛漬け

●肉じゃがは、糸こんにゃくでたっぷりかさまし♪
●ピリ辛漬けは肉じゃがの前に仕込むと食べごろに
●副菜の一品は前日の作りおきでラクする

肉じゃが

材料(3人分＋翌日弁当分)

牛切り落とし肉 … 250g
じゃがいも(ひと口大に切り水にさらす) … 2個
糸こんにゃく(7～8cm長さに切る) … 200g
塩 … 小さじ½
にんじん(小さめの乱切り) … ½本(75g)
玉ねぎ(くし形切り) … ½個
水 … 1と½カップ
🅐 しょうゆ … 大さじ3と½
　 みりん … 大さじ3
　 酒・砂糖 … 各大さじ2
　 和風顆粒だしの素 … 小さじ½
細ねぎ(小口切り) … 少々
サラダ油 … 小さじ1

作り方

❶小鍋に糸こんにゃく、かぶるくらいの水(分量外)を入れて火にかけ、煮立ったら塩を加えて1分ほどゆでる。ざるにあげてしっかり水けをきる。
❷深めの鍋にサラダ油を熱し、牛肉を炒める。肉の色が変わったら、じゃがいも、にんじん、玉ねぎを加えて炒める。
❸野菜の表面に透明感が出たら水を加えて強火にする。アクを除いて中火にし、🅐、❶を加える。落としぶたをして弱めの中火で12～13分煮る。じゃがいもがやわらかくなったら落としぶたを取り、強火にして3～4分煮る。器に盛り、細ねぎをふる。

ごぼうのピリ辛漬け

材料(3人分)

ごぼう(5～6cm長さに切り、
　　太い部分は縦2～4等分に切る。酢水にさらす)
　　… 100g
🅐 砂糖・酢 … 各大さじ1
　 しょうゆ … 大さじ½
　 めんつゆ(2倍濃縮) … 大さじ1
　 みりん … 大さじ2
　 赤唐辛子(小口切り) … 少々

作り方

❶鍋に湯を沸かし、ごぼうを5～6分ゆでる。ざるにあげて水けをきり、バットに移す。
❷小鍋に🅐を入れて火にかけ、煮立ったら火を止めて❶に加える。粗熱が取れたら冷蔵室に30分以上おく。

豆腐と大根のみそ汁

材料(3人分＋翌日朝食分)

絹ごし豆腐(さいの目に切る) … 100g
大根(短冊切り) … 200g
🅐 水 … 4カップ
　 和風顆粒だしの素 … 小さじ1と⅓
　 みりん … 大さじ1
みそ … 大さじ4

作り方

❶鍋に大根、豆腐、🅐を入れて火にかけ、煮立ったら弱火にして7～8分煮る。みそを溶かし入れて火を止める(半量は翌朝用に残す)。

朝 ツナとわかめの混ぜごはんセット(P116)

昼 肉じゃが弁当(P114)

 夜

びんちょうまぐろと アボカドの漬け丼献立 1人分¥237

びんちょうまぐろの見切り品を見つけたら速攻ゲット！ 漬けにして、
おいしい海鮮丼を楽しみます。3週目に再生栽培した豆苗も収穫時期に。
半量はお弁当のおかずに、残りはすまし汁で残さず使います。

びんちょうまぐろと
アボカドの漬け丼

再生豆苗と
大根のすまし汁

ツナとトマトの
冷ややっこ

びんちょうまぐろと アボカドの漬け丼

材料(3人分)
びんちょうまぐろ(2cm角に切る) … 300g
アボカド(種を除き2cm角に切る) … 1個
🅐 しょうゆ … 大さじ2
　砂糖 … 小さじ1と½
　ごま油 … 小さじ2
　おろしにんにく … 少々
　みりん(1分レンチン) … 大さじ2
ご飯 … 適量
刻みのり・白いりごま … 各少々
細ねぎ(小口切り) … 少々

作り方
❶バットに🅐を入れて混ぜ、まぐろを加えて10分漬ける。アボカドを加え、軽く混ぜる。
❷器にご飯を盛り、刻みのりを散らす。❶を彩りよく盛り、白いりごま、細ねぎをふる。

memI's Column

朝食にご飯メニューを 入れたら節約効果大!

朝食は食パンオンリーでしたが、今年から和食メニューも入れてみたら、食材がかなり節約に!!やっぱりお米は安い! おにぎりにすると、息子もパンより喜んで食べてくれるんですよ。

ツナとトマトの冷ややっこ

材料(3人分)
絹ごし豆腐 … 150g
ツナ缶 … 35g
ミニトマト(ヘタを取り4等分に切る) … 5〜6個
🅐 めんつゆ(2倍濃縮) … 大さじ1
　おろしにんにく … 少々

作り方
❶豆腐はキッチンペーパーで包み、水けをきって6等分に切る。
❷ボウルに🅐、ツナを缶汁ごと入れて混ぜ、ミニトマトを加えて軽く混ぜる。
❸器に❶を盛り、❷をかける。

再生豆苗と大根のすまし汁

材料(3人分)
豆苗(再生栽培したもの(P69コラム参照・
　5cm長さに切る) … 適量
大根(短冊切り) … 150g
🅐 水 … 2カップ
　鶏ガラスープの素 … 小さじ1と½
　白だし … 大さじ1
　酒 … 小さじ1

作り方
❶鍋に大根、🅐を入れて火にかけ、煮立ったら弱火にし、7〜8分煮て豆苗を加える。

5 週目 木
Thursday

朝 きのこのにんにくオイルのセトーストセット (P116)

昼 ちくわのマヨカツ弁当 (P114)

夜 れんこんはさみ焼き献立 1人分¥141

フードプロセッサーでひいた鶏肉をれんこんではさむだけ。
冷凍しておいた鶏皮はゆでて臭みを取り、夫のお酒のあてを兼ねた副菜に。
見切り品で作ったかぼちゃのマリネは、よく冷やすとおいしさ二倍♪

豆腐と貝割れの
とろ玉スープ

鶏皮と玉ねぎの
ポン酢あえ

かぼちゃと
玉ねぎのマリネ

サラダ

れんこんはさみ焼き

◉ 冷凍保存していた鶏皮で格安の一品完成
◉ 鶏胸肉はフードプロセッサーにかけて自家製ミンチに
◉ 副菜とスープで玉ねぎ1個使い切り！　一気に薄切りして時短

れんこんはさみ焼き

材料（3人分＋翌日弁当分）
れんこん（1cm幅に切り、酢水にさらす）… 250g
Ⓐ鶏胸肉（フードプロセッサーでひく）… 小1枚（250g）
　長ねぎ（みじん切り）… ⅕本
　大葉（せん切り）… 6枚
　おろししょうが … 小さじ½
　塩 … 小さじ¼
　ごま油・片栗粉 … 各大さじ1
Ⓑめんつゆ（2倍濃縮）… 大さじ2
　しょうゆ … 大さじ½
　砂糖 … 小さじ1
　みりん … 大さじ1
　バター … 10g
サラダ油 … 大さじ1

作り方
❶れんこんは水けを拭いて両面に片栗粉大さじ1（分量外）をふる。
❷ボウルにⒶを入れ、粘りが出るまでよく混ぜる。10等分にして丸め、れんこんを2枚1組にしてはさむ（ギュッと押しつけ、はみだした肉だねをととのえる）。
❸フライパンにサラダ油を熱し、❷を並べる。焼き色がついたら上下を返してふたをし、弱めの中火で4～5分蒸し焼きにする。Ⓑを加えてからめる。

開いた牛乳パックの上で粉をふると洗う手間なし。粉ふりスプーンは100均です。

鶏皮と玉ねぎのポン酢あえ

材料（3人分）
鶏皮 … 4枚分
玉ねぎ … ¼個
Ⓐ水 … 2と½カップ
　酒 … 大さじ3
Ⓑポン酢しょうゆ … 大さじ2
　ごま油 … 小さじ1
細ねぎ（小口切り）… 少々

作り方
❶鍋にⒶを入れて火にかけ、沸騰したら鶏皮を入れて3分ゆでる。氷水にとり、水けを拭いて5mm幅に切る。玉ねぎは繊維を断つように薄切りにし、水にさらして水けをきる。
❷器に玉ねぎを盛り、鶏皮をのせて混ぜ合わせたⒷをかける。細ねぎ、好みで七味唐辛子をふる。

豆腐と貝割れのとろ玉スープ

材料（3人分＋翌日朝食分）
貝割れ菜（5cm長さに切る）… ½袋
絹ごし豆腐（さいの目に切る）… 75g
玉ねぎ（薄切り）… ½個
卵（溶きほぐす）… 1個
Ⓐ水 … 4カップ
　めんつゆ（2倍濃縮）… 大さじ2
　鶏ガラスープの素 … 小さじ4
　酒 … 大さじ1
　おろししょうが … 小さじ1
　塩 … 小さじ¼
片栗粉（同量の水で溶く）… 大さじ1

作り方
❶鍋に豆腐、玉ねぎ、Ⓐを入れて火にかけ、煮立ったら弱火にして5分煮る。水溶き片栗粉を加え、軽く混ぜる。
❷とろみがついたら強火にし、静かに混ぜながら溶き卵を回し入れる。固まったら火を止めて貝割れ菜を加える（半量は翌朝用に残す）。

かぼちゃと玉ねぎのマリネ

材料（3人分＋翌日弁当分）
かぼちゃ（1cm弱の薄切り）… 250g
玉ねぎ … ¼個
Ⓐオリーブ油 … 大さじ1と½
　酢 … 大さじ1
　はちみつ … 小さじ2
　レモン汁 … 小さじ1
　塩 … 小さじ⅓
サラダ油 … 小さじ2

作り方
❶玉ねぎは繊維を断つように薄切りにし、水にさらして水けを絞る。
❷フライパンにサラダ油を熱し、かぼちゃを焼く。
❸バットに❶、❷を入れて混ぜ合わせたⒶをかけ、ラップを密着させて冷蔵室に30分ほどおく。

朝 かにかまとねぎのごまおにぎりセット (P117)

昼 れんこんはさみ焼き弁当 (P115)

夜 # ポテト巻きエビフライ献立 1人分¥180

小ぶりなバナメイえびをマッシュポテトで包んだら、特大サイズに変身！
手作りタルタルで洋食屋さん気分が味わえます。
前日のはさみ焼きで少し余ったれんこんは、あえもので消費！

サラダ

れんこんとにんじんの
カレーマヨ

にんじんとベーコンの
ミルクスープ

時短ペペロン

ポテト巻きエビフライ

◈ えびはマッシュポテトで包んでビッグにかさまし♪
◈ マッシュポテトは時間があるときに作っておくとラク
◈ 副菜のカレーマヨは事前に作りおきOK

ポテト巻きエビフライ

材料(3人分)

バナメイえび … 8尾
じゃがいも … 大2個(300g)
片栗粉・酒 … 各大さじ1
塩 … 小さじ½
Ⓐ バター … 15g
　牛乳 … 大さじ1と½
　粉チーズ … 大さじ1
　塩・こしょう … 各少々
Ⓑ 小麦粉 … 大さじ3と½
　水 … 大さじ3
　マヨネーズ … 小さじ2

パン粉 … 適量
Ⓒ ゆで卵(細かく潰す) … 1個
　玉ねぎ(みじん切りにして水にさらし
　　水けを絞る) … ¼個
　マヨネーズ … 大さじ4
　酢 … 小さじ1
　砂糖 … 小さじ½
　おろしにんにく … 小さじ⅓
　塩 … 少々
パセリ(みじん切り) … 少々
揚げ油 … 適量

作り方

❶マッシュポテトを作る。じゃがいもは1cm幅の半月切りにして水にさらす。水けをきって耐熱ボウルに移し、ふんわりラップをかけて電子レンジで7〜8分加熱する。マッシャーで潰し、熱いうちにⒶを加えて混ぜ、粗熱を取る。

❷えびは尾を残して殻をむき、背ワタを取る。片栗粉、酒、塩をもみ込んで水で洗い、水けを拭く。えびの腹に2か所斜めに切り込みを入れ、背中側を指で押して伸ばす。

❸❶を8等分にしてえびを包む(尾を出す)。混ぜ合わせたⒷ、パン粉を順にまぶしてころもをつける。

❹鍋に揚げ油を170℃に熱し、❸をきつね色に揚げる。器に盛り、混ぜ合わせたⒸをかけてパセリをふる。

えびは筋を切り、尾の水分を包丁でしごいてとると揚げたときにきれいな形に。

時短ペペロン

材料(3人分)

スパゲティ … 150g
Ⓐ顆粒コンソメ … 小さじ1と½
　オリーブ油 … 大さじ2
　おろしにんにく … 小さじ⅓
　赤唐辛子(小口切り) … ½本
塩・粗びき黒こしょう … 各少々

作り方

❶鍋に水5カップ、塩小さじ1(分量外)を入れ、スパゲティを袋の表記通りにゆでる。

❷ボウルにⒶ、❶のゆで汁大さじ2を入れてよく混ぜ、湯をきった❶を加えてあえる。塩で味をととのえる。器に盛り、粗びき黒こしょうをふる。

れんこんと
にんじんのカレーマヨ

材料(3人分+翌日弁当分)

れんこん … 150g
にんじん(細切り) … ½本(75g)
Ⓐマヨネーズ … 大さじ2と½
　鶏ガラスープの素 … 小さじ1
　カレー粉 … 小さじ½強
　はちみつ … 小さじ⅓
塩・こしょう … 各少々

作り方

❶れんこんは2.5mm幅のいちょう切りにして酢水にさらし、水けをきって耐熱ボウルに入れる。にんじんを加えてふんわりラップをかけ、電子レンジで3分加熱する。ざるに上げて水けをきり、粗熱をとる。

❷ボウルに❶、Ⓐを入れて混ぜ、塩、こしょうで味をととのえる。

にんじんとベーコンの
ミルクスープ

材料(3人分)

にんじん(細切り) … ½本(75g)
ベーコン(細切り) … 2枚
Ⓐ水・牛乳 … 各1カップ
　顆粒コンソメ … 大さじ½
　ローリエ … 1枚
バター … 10g
粗びき黒こしょう … 少々
オリーブ油 … 小さじ1

作り方

❶鍋にオリーブ油を熱し、ベーコンを炒める。焼き色がついたらにんじんを加えて炒め合わせる。Ⓐを加え、煮立ったら弱火にして6〜7分煮る。バターを溶かして器に盛り、粗びき黒こしょうをふる。

朝 ホケミミルクパンセット (P117)

昼 ピクニック弁当 (P115)

 夜 ロコモコ風ハンバーグ献立 1人分¥163

ピクニックに出かけた休日の夕飯は、のっけるだけのワンボウル献立で
さっと済ませます。ハンバーグは多めに作り、翌朝は
バーガーサンドで堪能♪　ごぼうは洋風きんぴらで使い切ります。

サラダ

ごぼうとベーコンの
洋風きんぴら

なすのさっぱり漬け

ロコモコ風ハンバーグ

ロコモコ風ハンバーグ

材料(3人分＋翌日朝食分)
合いびき肉 … 300g
玉ねぎ(みじん切り) … ¾個
Ⓐ パン粉 … 45g
　牛乳 … 大さじ2
　マヨネーズ … 小さじ2
　塩 … 小さじ⅓
　ナツメグ … 小さじ¼
Ⓑ 水 … ½カップ
　中濃ソース … 大さじ1
　トマトケチャップ … 大さじ2
　顆粒コンソメ … 小さじ⅓
　はちみつ … 大さじ½
　おろしにんにく … 小さじ⅓
片栗粉(同量の水で溶く) … 小さじ½
バター … 10g
卵 … 3個
温かいご飯 … 適量
サラダ油 … 適量

作り方
❶ボウルにひき肉、玉ねぎ、Ⓐを入れ、粘りがでるまで混ぜる(200g分は翌朝用に取り分ける)。3等分にして平丸に成形し、真ん中をくぼませる。
❷フライパンにサラダ油小さじ2を熱し、❶を焼く。焼き色がついたら上下を返し、ふたをして弱火で4〜5分焼き、取り出す。フライパンの汚れを軽く拭いてⒷを入れ、煮立ったら弱火にして水溶き片栗粉を加えて混ぜる。とろみがついたら、バターを加えて溶かす。
❸別のフライパンにサラダ油小さじ1を熱し、卵を1個ずつ割り入れて目玉焼きを作る。
❹器にご飯を盛り、ハンバーグ、目玉焼きをのせて❷のソースをかける。好みでみじん切りしたパセリ、粗びき黒こしょうをふる。

ごぼうとベーコンの洋風きんぴら

材料(3人分)
ごぼう(斜め薄切り) … 100g
にんじん(細切り) … ½本(75g)
ベーコン(細切り) … 2枚
Ⓐ 水 … ½カップ
　顆粒コンソメ … 小さじ½
　しょうゆ・みりん・酒 … 各大さじ½
　砂糖 … 小さじ½
オリーブ油 … 小さじ1

作り方
❶フライパンにオリーブ油を熱し、ベーコンを炒める。焼き色がついたらごぼう、にんじんを加えて炒め、しんなりしたらⒶを加えて強火にし、水分がなくなるまで炒める。

なすのさっぱり漬け

材料(3人分＋当日弁当分)
なす(乱切りにして水にさらす) … 3本
Ⓐ オリーブ油 … 大さじ3
　白だし … 大さじ1
　レモン汁 … 小さじ1
　砂糖 … 小さじ1
　塩・おろしにんにく … 各小さじ¼
サラダ油 … 大さじ2

作り方
❶フライパンにサラダ油を熱し、水けを拭いたなすを皮目から焼く。
❷バットにⒶを入れて混ぜ、❶を加えてあえる。粗熱が取れたら冷蔵室で30分以上おく。

朝 照り焼きハンバーグサンドセット(P117)

昼 ガーリックバターチャーハン(P115)

 夜 **胸肉のり巻き献立** 1人分￥132

今月最後の献立は、冷凍食品でもおなじみののり巻きチキン。
じつは家でも簡単に作れるんです。添えるかぼちゃは焼いただけ。
副菜のポテサラもレンチン＋あえるだけで、どれも超簡単！

和風かにかま
ポテトサラダ

サラダ

くずし豆腐の
ごまみそスープ

胸肉のり巻き
焼きかぼちゃ添え

胸肉のり巻き 焼きかぼちゃ添え

材料(3人分＋翌月1週目の弁当分)
鶏胸肉(細長く切る・18切れ) … 大1枚(350g)
かぼちゃ(5㎜幅の薄切り) … ⅛個
焼きのり(18等分に切る) … 全形1枚
Ⓐマヨネーズ … 大さじ1
　┃ しょうゆ … 大さじ1
　┃ 酒・砂糖 … 各小さじ2
　┃ 塩 … 小さじ¼
小麦粉 … 大さじ2
片栗粉 … 大さじ3
サラダ油 … 大さじ2

作り方
❶ボウルに鶏肉、Ⓐを入れてもみ込み、10分おく。小麦粉を加えて混ぜる。焼きのりを1切れずつに巻き、片栗粉をまぶす。
❷フライパンにサラダ油を熱し、❶、かぼちゃを焼く。

memi's
Column

育てたハーブは オイルに加えて おしゃれにアレンジ

ローズマリーの枝をオリーブ油に漬け込むと、香りのいいハーブオイルに。塩、粗びき黒こしょうを加えてパンにつけたり、魚や肉の焼き油や、ドレッシングなどいろいろ使えて便利です。

ローズマリーオイル
材料(作りやすい分量)
ローズマリー … 適量
にんにく(薄切り) … 1片
オリーブ油 … 適量

作り方
❶保存容器(あきびんなど)は煮沸消毒をし、ローズマリーは洗って水分を完全に拭き取る。
❷容器にすべての材料を入れる(ローズマリーがオリーブ油に完全に浸かるように)。冷蔵室に1週間ほどおき、ローズマリーを除く(常温で1〜2週間保存可)。

和風かにかまポテトサラダ

材料(3人分＋翌月1週目の弁当分)
じゃがいも … 2〜3個(250g)
長ねぎ(小口切り) … ¼個
かに風味かまぼこ(手で割く) … 8本
Ⓐマヨネーズ … 大さじ3
　┃ 和風顆粒だしの素 … 小さじ⅓
　┃ 酢 … 小さじ1
塩・粗びき黒こしょう … 各少々

作り方
❶じゃがいもは1㎝幅の半月切りにし、水にさらす。耐熱ボウルに長ねぎ、水けをきったじゃがいもを順に入れ、ふんわりラップをかけて電子レンジで6〜7分加熱する。
❷ざるに上げて水けをきり、塩をふって熱いうちにマッシャーでつぶす。粗熱がとれたらかに風味かまぼこ、Ⓐを加えて混ぜる。器に盛り、粗びき黒こしょうをふる。

くずし豆腐のごまみそスープ

材料(3人分＋翌月1週目の朝食分)
絹ごし豆腐(スプーンですくう) … 75g
乾燥わかめ … 大さじ2
細ねぎ(5㎝長さに切る) … 4〜5本
Ⓐ水 … 3カップ
　┃ 牛乳 … 1カップ
　┃ 鶏ガラスープの素 … 大さじ1
　┃ みそ … 大さじ2
　┃ コチュジャン … 小さじ½
　┃ 砂糖 … 小さじ1
　┃ 白すりごま … 大さじ3
ごま油 … 小さじ1

作り方
❶鍋に豆腐、乾燥わかめ、細ねぎの下の部分、Ⓐを入れて火にかけ、煮立ったら弱火にして2分煮る。残りの細ねぎを加え、ごま油を回しかける(半量は翌朝用に残す)。

月 なすの豚巻き弁当

1人分 ¥114

白菜のごまだしあえ
作り方 P93

なすの豚巻き
作り方 P93

ミニトマト

大根皮と
にんじんのきんぴら
作り方 P122

わかめと
かにかまの酢のもの
作り方 P123

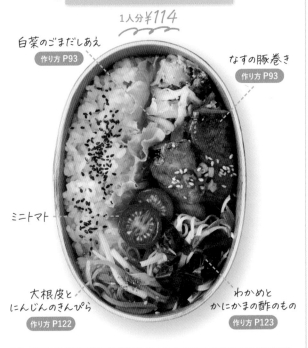

火 ひと口フライドチキン弁当

1人分 ¥101

レンジナポリタン
作り方 P101

ひと口
フライドチキン
作り方 P101

ミニトマト

小松菜の
めんつゆバター
作り方 P122

ベーコン卵焼き
作り方 P123

水 肉じゃが弁当

1人分 ¥183

ふわふわ豆腐
だし巻き卵
作り方 P118

肉じゃが
作り方 P103

再生豆苗の
塩昆布ナムル
作り方 P123

木 ちくわのマヨカツ弁当

1人分 ¥47

ちくわの
マヨカツ
作り方 P120

きのこの
にんにくオイル
作り方 P116

ミニトマト

貝割れの
だししょうゆあえ
作り方 P122

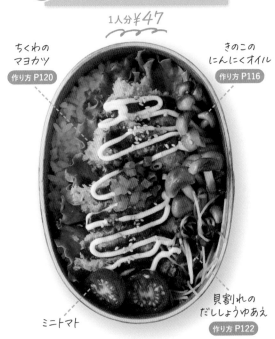

金 れんこんはさみ焼き弁当

1人分 ¥103

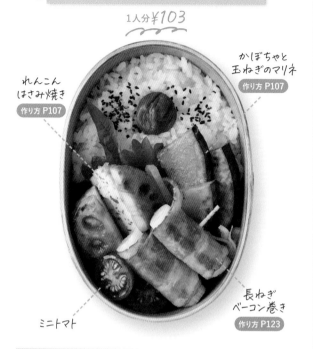

れんこん
はさみ焼き
作り方 P107

かぼちゃと
玉ねぎのマリネ
作り方 P107

ミニトマト

長ねぎ
ベーコン巻き
作り方 P123

土 ピクニック弁当

1人分 ¥103

なすのさっぱり漬け
作り方 P111

おにぎり

のり塩チキン

ミニトマト

れんこんと
にんじんのカレーマヨ
作り方 P109

のり塩チキン

材料(3人分)
鶏胸肉(細長く切る)
　… 小1枚(250g)
Ⓐマヨネーズ … 小さじ2
　しょうゆ・酒 … 各小さじ1
　鶏ガラスープの素
　　… 小さじ1
　青のり … 大さじ1
片栗粉 … 大さじ4
揚げ油 … 適量

作り方
❶ボウルに鶏肉、Ⓐを入れても
み込み、10分ほどおく。片栗粉
を加えて混ぜる。
❷フライパンに揚げ油を170℃
に熱し、❶をきつね色に揚げる。

日 ガーリックバターチャーハン

1人分 ¥58

材料(3人分)
合いびき肉 … 100g
長ねぎ(みじん切り) … ½本
にんじん(みじん切り) … ⅓本(50g)
Ⓐ酒 … 大さじ1
　オイスターソース … 小さじ2
　おろしにんにく … 小さじ½
卵(溶きほぐす) … 1個
温かいご飯 … 茶碗3杯分(450g)
Ⓑしょうゆ … 大さじ1
　バター … 15g
細ねぎ(小口切り) … 少々
サラダ油 … 大さじ1

作り方
❶フライパンにサラダ油小さじ1を熱し、長ねぎ、
にんじんを炒める。長ねぎが半透明になったらひ
き肉を加えて炒める。
❷肉の色が変わったらⒶを加えて炒め、汁けがな
くなったらいったん取り出す。
❸❷のフライパンの汚れを軽く拭き取り、サラダ
油小さじ2を熱し、溶き卵を流し入れる。軽く混
ぜたらご飯を加えて炒め合わせる。❷を戻し入れ
て強火にし、Ⓑを加えてバターが溶けるまで炒め
る。器に盛り、細ねぎ、好みで刻んだ紅しょうが
をのせる。

5 週目の朝ごはん

Breakfast

小松菜ふりかけおにぎり

材料（3人分）　1人分¥25

小松菜（みじん切り）
　…½袋（100g）
温かいご飯 … 茶碗2.5杯分（400g）
Ⓐ鶏ガラスープの素 … 小さじ⅔
├ みりん … 小さじ1
白いりごま … 大さじ1
塩 … ひとつまみ
ごま油 … 小さじ2

（月）

作り方
①フライパンにごま油を熱し、小松菜を炒める。しんなりしたらⒶを加え、水分がなくなるまで炒めて白いりごまをふる。
②ボウルにご飯、①を入れて混ぜ、塩で味をととのえる。5等分にし、三角ににぎる。

もやしと春雨の
みそスープ
作り方 P93

ねぎとかにかまのみそトースト

材料（2人分）　1人分¥67

食パン（6枚切り）… 2枚
長ねぎ（斜め切り）… ½本
かに風味かまぼこ（手で割く）… 4本
Ⓐマヨネーズ … 大さじ1と½
├ みそ … 小さじ1
│ 砂糖 … 小さじ⅔
│ おろしにんにく … 小さじ¼
ピザ用チーズ … 少々

キウイヨーグルト

（火）

作り方
①ボウルに長ねぎ、かに風味かまぼこ、Ⓐを入れて混ぜ、食パンにのせる。ピザ用チーズを散らし、オーブントースターで焼く。好みでみじん切りしたパセリ、粗びき黒こしょうをふる。

ツナとわかめの混ぜごはん

材料（3人分）　1人分¥12

ツナ缶（油をきる）… 35g
乾燥わかめ（水で戻して固く絞り、細かく刻む）
　… 大さじ1
温かいごはん … 茶碗2.5杯（400g）
和風顆粒だしの素 … 小さじ½
塩 … 小さじ¼
白いりごま … 大さじ1

（水）

作り方
①ボウルにすべての材料を入れて混ぜる。

豆腐と大根のみそ汁　作り方 P103
（小口切りした細ねぎ少々をふる）

きのこのにんにくオイル
のせトースト

材料（2人分）　1人分¥69

食パン（6枚切り）… 2枚
きのこのにんにくオイル …⅔量

りんご
ヨーグルト

（木）

作り方
①トーストした食パンにきのこのにんにくオイルをのせ、好みでみじん切りしたパセリ、粗びき黒こしょうをふる。

●きのこのにんにくオイル
材料と作り方（3人分＋当日弁当分）
しめじ（小房に分ける）… 2パック
湯 … 大さじ1
顆粒コンソメ … 小さじ2
Ⓐオリーブ油 … 大さじ1と½
├ おろしにんにく … 小さじ¼
サラダ油 … 大さじ1
ボウルに湯、コンソメを入れて溶かし、Ⓐを加えて混ぜる。フライパンにサラダ油を熱し、しめじを強火で焼く。全体に焼き色がついたらボウルに加え、10分おく。

かにかまとねぎの ごまおにぎり

1人分￥28

材料(3人分)
温かいご飯 … 茶碗2.5杯分(400g)
🅐 かに風味かまぼこ(手で割る)
　　… 4本
　 鶏ガラスープの素 … 小さじ1
　 ごま油 … 小さじ2
　 細ねぎ(小口切り) … 少々
　 白いりごま … 大さじ2
味つけのり … 5枚

作り方P107

豆腐と貝割れの
とろ玉スープ

作り方
❶ボウルにご飯、🅐を入れて混ぜ、5等分にして俵型ににぎる。味つけのりを巻く。

ホケミミルクパン

1人分￥45

材料(3人分)
食パン … 2枚
🅐 ホットケーキミックス … 100g
　 牛乳 … ½カップ
　 はちみつ … 大さじ1と½

キウイ
ヨーグルト

作り方
❶食パンは耳を切り落として、1枚を9等分に切る(耳を使ったレシピはP85コラム参照)。
❷ボウルに🅐を入れて混ぜ、❶を1個ずつ浸す。熱したフライパンに並べ、弱めの中火で全体がきつね色になるまで焼く。

照り焼きハンバーグサンド

1人分￥103

材料(3人分)
ロールパン … 5個
ロコモコ風ハンバーグの肉だね
　(作り方P111) … 200g
🅐 しょうゆ・酒・
　　みりん … 各小さじ2
　 砂糖 … 小さじ1
リーフレタス(小さくちぎる)… 少々
玉ねぎ(繊維を断つよう薄切りにし、
　水にさらす) … ¼個
マヨネーズ … 少々
サラダ油 … 小さじ1

りんごヨーグルト

作り方
❶ハンバーグの肉だねは3個(大2個、小1個)に分けてだ円に成形する。
❷フライパンにサラダ油を熱し、❶を焼く。焼き色がついたら上下を返し、ふたをして3〜4分焼く。🅐を加えてからめる。
❸ロールパンは縦に切り込みを入れ、オーブントースターで軽く焼く。リーフレタス、水けを拭いた玉ねぎ、半分に切った❶をはさみ(小1個の子ども分は切らない)、マヨネーズを絞る。

簡単おかずカタログ

この本のお弁当に詰めたおかずをご紹介します。簡単に作れるものばかりなので、夕食で活用しても。

長ねぎとかにかまの卵炒め

材料と作り方（2人分）
溶き卵½個分をごま油小さじ½で炒めて炒り卵を作り、取り出す。汚れを拭いてごま油小さじ½を熱し、斜め切りにした**長ねぎ⅓本**を炒める。しんなりしたら割いた**かに風味かまぼこ4本**、**鶏ガラスープの素小さじ⅓**、**酒小さじ½**、**粗びき黒こしょう少々**を加え、炒り卵を戻し入れて混ぜる。

ねぎみそチーズ巾着

材料と作り方（2人分）
油揚げ1枚は油抜きをして半分に切り、中を開く。**みそ・みりん各小さじ1と½**、**砂糖小さじ½**を混ぜたものに斜め切りにした**長ねぎ⅓本**、**ピザ用チーズ大さじ2**を加えて混ぜ、油揚げに詰めてつま楊枝で留める。ごま油小さじ½で両面を焼き、焼き目がついたらふたをして弱火で4〜5分焼く。

ねぎちくわの照り焼き

材料と作り方（2人分）
長ねぎ½本は5cm長さに切り、外側をむいて、長さ半分に切った**ちくわ2本**の穴に入れる。サラダ油小さじ½で蒸し焼きにし、ねぎがしんなりしたら**しょうゆ・みりん各小さじ1**、**砂糖小さじ½**を加えてからめる。

長いものり巻き

材料と作り方（2人分）
長いも80gは6cm長さの棒状に切り（計4切れ）、水にさらす。**焼きのり¼枚**を4等分に切り、水けを拭いた長いもをのせて巻き、**片栗粉小さじ1**をまぶす。サラダ油小さじ½を熱し、巻き終わりを下にして焼き、焼き色がついたら**しょうゆ・みりん各小さじ1**、**砂糖小さじ½**を加えて強火でからめる。

ふわふわ豆腐だし巻き卵

材料と作り方（2人分）
絹ごし豆腐50gを泡立て器でクリーム状になるまで混ぜ、**卵1個**、**和風顆粒だしの素小さじ¼**、**しょうゆ小さじ⅓**、**みりん小さじ½**を加えて混ぜる。サラダ油小さじ½を弱火で熱し、卵液半量を流し入れる。全体が固まってきたら端から巻き、残りの卵液も加えて同様に巻く。粗熱がとれたら4等分に切る。

白菜の梅肉おかかあえ

材料と作り方（2人分）
白菜1〜2枚分（150g）は1cm幅の細切りにし、ラップをかけて電子レンジで3〜4分加熱し、水にさらして固く絞る。**みりん小さじ1**も30秒レンジで加熱し、**かつお節大さじ2**、種を除いてたたいた**梅干し1個（塩分6%）**、**めんつゆ（2倍濃縮）・白いりごま各小さじ2**を合わせ、白菜を加えてあえる。

玉ねぎの
バターしょうゆソテー

材料と作り方（2人分）

玉ねぎ½個はくし形に切り、**サラダ油
小さじ½**で炒める。透き通ってきたら
しょうゆ・みりん各大さじ½、**バター
5g**を加え、強火でからめる。小口切り
した**細ねぎ・七味唐辛子各**少々をふる。

にらのツナしょうゆあえ

材料と作り方（2人分）

にら⅔袋（70g）は5cm長さに切って耐熱
ボウルに入れ、ラップをかけて電子レ
ンジで1分加熱する。水にさらして固
く絞る。油をきった**ツナ缶35g**、**しょ
うゆ・ごま油各小さじ½**、**酢・砂糖各
小さじ⅓**であえる。

にんじんの
コチュジャンあえ

材料と作り方（2人分）

にんじん½本（75g）は細切りにし、耐
熱ボウルに入れてラップをかけ、電子
レンジで1分30秒加熱する。**酢・ごま
油各小さじ1**、**砂糖小さじ¼**、**コチュ
ジャン・鶏ガラスープの素各小さじ½**
を加えてあえる。

ミニトマトの
のりわさびあえ

材料と作り方（2人分）

ボウルに半分に切った**ミニトマト6個**、
ちぎった**味つけのり4枚**、**練りわさび**
少々、**めんつゆ（2倍濃縮）小さじ1と½**、
塩ひとつまみを入れてあえる。

ちくわのうまマヨ焼き

材料と作り方（2人分）

ちくわ2本は縦半分に切り、焼き目を
内側にして端から巻く。2切れ1組に
してつま楊枝で留める。**マヨネーズ小さ
じ½**、**オイスターソース小さじ⅓**、粗
びき黒こしょう少々を混ぜてちくわに
塗り、オーブントースターで4〜5分
ほど焼く。

ブロッコリーの
おかかしょうが

材料と作り方（2人分）

ブロッコリー¼個（90g）は小さく切っ
て塩ゆでし、**しょうゆ小さじ2**、**酢・
砂糖各小さじ½**、**ごま油小さじ1**、**お
ろししょうが小さじ⅓**、**かつお節大さ
じ1強**であえる。

ゆで卵のみそマヨソース

材料と作り方（2人分）

ゆで卵1個を半分に切り、**マヨネーズ
小さじ1**、**みそ・牛乳各小さじ⅓**、**お
ろしにんにく・砂糖各**少々を混ぜてか
け、**七味唐辛子**少々をふる。

中華風卵焼き

材料と作り方（2人分）

卵2個、**鶏ガラスープの素小さじ⅓**、**し
ょうゆ小さじ½**、**ごま油小さじ1**、**水
大さじ2**を混ぜ、**サラダ油小さじ1**を
熱して卵焼きを作る。粗熱がとれたら
4等分に切る。

ピーマンの辛みそ炒め

材料と作り方（2人分）

ピーマン2個は細切りにして**ごま油小
さじ1**で炒める。**コチュジャン小さじ
½**、**しょうゆ・みりん各小さじ1**、**砂
糖小さじ⅓**を加え、汁気がなくなった
ら**白いりごま小さじ2**をふる。

長ねぎの
バターしょうゆサラスパ

材料と作り方（2人分）

赤唐辛子少々は小口切りにして**サラダ油小さじ1**で炒め、斜め切りにした**長ねぎの青い部分¼本分**を加えて軽く炒める。ゆでた**サラダスパゲティ50g**、**めんつゆ（2倍濃縮）大さじ1**、**しょうゆ小さじ1**、**バター5g**、**塩ひとつまみ**を加えて調味する。バターが溶けたらごま油小さじ1を回しかけて、白いりごま少々をふる。

玉ねぎとちくわの
紅しょうがかき揚げ

材料と作り方（2人分）

ボウルにくし形に切った**玉ねぎ½個**、縦1㎝幅に切った**ちくわ2本**、みじん切りにした**紅しょうが大さじ1**、**小麦粉大さじ1**を入れて混ぜる。別のボウルに**小麦粉・水各大さじ1と½**、**マヨネーズ小さじ2**を入れて混ぜ、たねを加えて混ぜる。**サラダ油大さじ3**を熱し、たねをスプーンですくって落とし、揚げ焼きにする。

再生豆苗と
ベーコンのカレーマリネ

材料と作り方（2人分）

再生豆苗60g（P69コラム参照）は5㎝長さに切って耐熱ボウルに入れ、ラップをかけて電子レンジで20秒加熱する。水にさらして固く絞る。フライパンで短冊に切った**ベーコン2枚**をカリカリに焼いてボウルに入れ、豆苗、**オリーブ油小さじ1**、**カレー粉少々**、**塩ひとつまみ**、**酢小さじ½**、**砂糖小さじ¼**を加えて混ぜる。

紅しょうがと
ツナの落とし揚げ

材料と作り方（2人分）

ボウルに**絹ごし豆腐70g**、軽く油をきった**ツナ缶20g**、みじん切りにした**玉ねぎ⅛個**、**紅しょうが小さじ2**、**和風顆粒だしの素ふたつまみ**、**マヨネーズ小さじ2**、**小麦粉大さじ2と½**を入れて混ぜる（油に入れて固まらないときは小麦粉を足す）。深さ3～4㎝分の**サラダ油**を170℃に熱し、スプーンでたねをすくい落として揚げる。

再生豆苗と
ちくわのマヨポンあえ

材料と作り方（2人分）

再生豆苗30g（P69コラム参照）は5㎝長さに切って耐熱ボウルに入れ、ラップをかけて電子レンジで20秒加熱する。水にさらして固く絞り、長さ半分に切って細切りにした**ちくわ3本**、**マヨネーズ小さじ1と½**、**ポン酢しょうゆ・白いりごま各小さじ1**、**ゆずごしょう少々**であえる。

ちくわのマヨカツ

材料と作り方（2人分）

ちくわ2本は縦半分に切り、さらに横半分に切る。**小麦粉大さじ1**、**水大さじ½**、**マヨネーズ小さじ1**にからめ、**パン粉適量**をまぶしてころもをつける。**サラダ油適量**で揚げ焼きにし、**中濃ソース・マヨネーズ各適量**をかけて小口切りにした**細ねぎ**、**白いりごま**をふり、みじん切りした**紅しょうが**（すべて各少々）をのせる。

ブロッコリーの茎と ベーコンの巻きカツ

材料と作り方（2人分）
下ゆでした**ブロッコリーの茎1本分**は縦4等分の棒状に切り、**ベーコン4枚**で1切れずつ巻く。つま楊枝で留めて**小麦粉大さじ1、水大さじ½、マヨネーズ小さじ1**を混ぜたころもにからめ、**パン粉**少々をまぶす。**サラダ油**適量で揚げ、**中濃ソース、練り辛子**を添える。

ゆで卵のねぎ塩だれ

材料と作り方（2人分）
ゆで卵1個を半分に切り、**しょうゆ・酢各小さじ½、ごま油小さじ½、砂糖小さじ¼、おろしにんにく**少々、小口切りにした**細ねぎ小さじ2**を混ぜてかける。

アスパラとちくわの 七味マヨ添え

材料と作り方（2人分）
グリーンアスパラガス2本は根元のかたい部分をむいてラップで巻き、電子レンジで40秒加熱する。**ちくわ2本**の穴に1本ずつアスパラガスを入れて斜め切りにし、**マヨネーズ**適量に**七味唐辛子**少々をふって添える。

さつまいもの混ぜご飯

材料と作り方（2人分）
さつまいも1本(150g)は皮ごと1cm幅のいちょう切りにし、水にさらす。耐熱ボウルにさつまいもも、**酒・みりん各小さじ2、塩小さじ¼**を入れてラップをかけ、電子レンジで4〜5分加熱する。温かい**ご飯300g**に混ぜ、**黒いりごま**少々をふる。

かにかま チーズのり巻き

材料と作り方（2人分）
かに風味かまぼこ4本は長さ半分、**ベビーチーズ2個**は縦半分に切る。1.5×8cm4枚に切った**焼きのり**にかにかま、チーズ、かにかまの順に置いて端から巻き、のりの端を水で濡らして留める。2個分をつま楊枝で刺す。

紅しょうがの卵焼き

材料と作り方（2人分）
卵2個、みじん切りにした**紅しょうが小さじ2、和風顆粒だしの素**少々、**水大さじ1、みりん小さじ1**を混ぜ、**サラダ油小さじ½**を熱して卵焼きを作る。粗熱がとれたら4等分に切る。

きゅうりのごま酢あえ

材料と作り方（2人分）
きゅうり1本は薄い輪切りにして**塩**ひとつまみでもみ込み、5分ほどおいて水けを絞る。**白すりごま大さじ1、酢小さじ½、しょうゆ小さじ1、砂糖小さじ⅓**であえる。

お花ハム

材料と作り方（2人分）
ハム4枚は、1枚ずつ真ん中に長さ3cmの切り込みを5mm間隔で入れ、半分に折る。端から巻いて切り込みを花びらのように開き、つま楊枝で留める。

干しえびと ねぎの混ぜごはん

材料と作り方（2人分）
ボウルに温かい**ご飯400g、干しえび・かつお節各大さじ2、しょうが大さじ1**、小口切りにした**細ねぎ**少々、**和風顆粒だしの素小さじ¼、白いりごま小さじ2**を入れて混ぜる。

かにかまの 白だし卵焼き

材料と作り方（2人分）
卵2個、割いたかに風味かまぼこ2本、白だし小さじ1と½、みりん小さじ½、水大さじ2を混ぜ、サラダ油小さじ½を熱して卵焼きを作る。粗熱がとれたら4等分に切る。

貝割れの だししょうゆあえ

材料と作り方（2人分）
貝割れ菜½袋（40g）は5㎝長さに切って耐熱ボウルに入れ、電子レンジで30秒加熱する。ザルにあげて水けを拭く。かつお節大さじ1、めんつゆ（2倍濃縮）小さじ1、白いりごま・しょうゆ各小さじ½、砂糖少々であえる。

ピーマンの ごまおかかあえ

材料と作り方（2人分）
ピーマン2個は1㎝幅の細切りにして耐熱ボウルに入れ、ラップをかけて電子レンジで1分加熱し、水にさらして固く絞る。しょうゆ小さじ⅔、酢小さじ⅓、砂糖小さじ½、かつお節大さじ1、白すりごま小さじ2であえる。

かにかまのり巻き天

材料と作り方（2人分）
ボウルに小麦粉・水各小さじ2、マヨネーズ小さじ½を混ぜてころもを作り、味つけのり4枚の片面につける。かに風味かまぼこ4本にそれぞれのりを巻いて全体にころもをつけ、サラダ油大さじ½で揚げ焼きにする。

小松菜の めんつゆバター

材料と作り方（2人分）
小松菜½わ（100g）は5㎝長さに切り、サラダ油小さじ½で炒める。しんなりしたらめんつゆ（2倍濃縮）小さじ2、しょうゆ小さじ⅓、バター5gを加え、汁けが少なくなるまで炒める。

大根皮と にんじんのきんぴら

材料と作り方（2人分）
大根の皮⅓本（50g）分、にんじん⅓本（50g）はそれぞれ細切りにし、ごま油小さじ1で炒める。しんなりしたらしょうゆ・みりん・砂糖各小さじ1、和風顆粒だしの素少々を加えて汁けがなくなるまで炒める。白いりごま小さじ1、七味唐辛子少々をふる。

ちくわの のりゆずごしょう巻き

材料と作り方（2人分）
ちくわ2本は縦半分に切り、内側にゆずごしょう少々を塗って味つけのり4枚をのせる。のりを内側にして巻き、2個1組にしてつま楊枝で留める。

甘辛チーズちくわ

材料と作り方（2人分）
ベビーチーズ1個は縦4等分に切り、ちくわ2本の穴に入れて半分に切る。サラダ油少々で軽く焼き、しょうゆ・みりん各小さじ1、砂糖小さじ½、白いりごま少々を加えてからめる。

玉ねぎのおかかポン酢

材料と作り方（2人分）
玉ねぎ½個はくし形に切り、ごま油小さじ1で炒める。透き通ってきたらめんつゆ（2倍濃縮）小さじ1、ポン酢しょうゆ・かつお各大さじ1、バター5gを加えてからめる。

にんじんの粒マスタードマリネ

材料と作り方（2人分）

にんじん½本(75g) は細切りにし、耐熱ボウルに入れてラップをかけ、電子レンジで1分30秒加熱する。**酢大さじ½**、オリーブ油小さじ2、はちみつ・粒マスタード各小さじ1、塩ふたつまみを加えて5分ほどおく。

ゆで卵の紅しょうがマヨ

材料と作り方（2人分）

ゆで卵1個を半分に切り、マヨネーズ小さじ2、みじん切りした**紅しょうが**小さじ½、和風顆粒だしの素少々、砂糖ひとつまみを混ぜてかける。

わかめのごまあえ

材料と作り方（2人分）

乾燥わかめ大さじ1と½は水でもどして水けを絞る。ごま油小さじ½、鶏ガラスープの素小さじ½、ポン酢しょうゆ・白いりごま各小さじ1であえる。

わかめとかにかまの酢のもの

材料と作り方（2人分）

乾燥わかめ大さじ1と½は水でもどして水けを絞り、**かに風味かまぼこ4本**は割く。白だし・酢各小さじ1、砂糖小さじ½であえる。

長ねぎベーコン巻き

材料と作り方（2人分）

長ねぎ⅓本は4等分に切り、**ベーコン4枚**で1切れずつ巻く。2個1組にしてつま楊枝で留める。サラダ油小さじ1で軽く焼いたらふたをして、弱火で全体に焼き色をつける。

ベーコン卵焼き

材料と作り方（2人分）

卵2個、細切りにした**ベーコン2枚**、トマトケチャップ小さじ2、牛乳大さじ1、粉チーズ大さじ½を混ぜ、サラダ油小さじ½を熱して卵焼きを作る。粗熱がとれたら4等分に切る。

ピリ辛塩昆布のサラスパ

材料と作り方（2人分）

ボウルにゆでた**サラダスパゲティ50g**、白いりごま・ごま油各小さじ1、白だし小さじ½、塩昆布大さじ2、小口切りにした赤唐辛子少々を入れてあえる。

再生豆苗の塩昆布ナムル

材料と作り方（2人分）

再生豆苗30g(P69コラム参照) は5㎝長さに切って耐熱ボウルに入れ、ラップをかけて電子レンジで20秒加熱する。水にさらして固く絞る。5㎝長さの細切りにした**ちくわ3本**、塩昆布小さじ2、ごま油・白いりごま各小さじ1であえる。

充実おかずで大満足！

在庫食材から探せる 素材別インデックス

節約は必要に迫られてするものですが、
始める前はどうしても気持ちが重くなります。
でも、節約＝不幸ではまったくなく、私自身、
節約をするからこその「幸せ」をたくさん
見つけることができました。本書を通じて
多くの方に節約生活のなかの幸せ、楽しさを
感じていただけたら本望です。そして、
みなさまに「あったかい幸せ」が
たくさん届きますように……。

memi

節約上手なママインスタグラマー。短大卒
業後、幼稚園教諭を経て、結婚。手取り
21万円、食費２万円の節約生活をインス
タグラムに投稿し、おしゃれで豪華なワン
プレートごはんが話題に。
アカウントは@memimemi19.2.5

Special **T**hanks
アシスタント／鳥生雅子

Staff
撮影／高杉 純
デザイン／中村朋子
校正／くすのき舎
編集協力／佐藤由香
編集担当／佐藤句実（永岡書店）

memiの1か月食費2.5万円！
節約ワンプレートごはん おかわり！

2023年10月10日　第1刷発行
2024年 2月10日　第3刷発行

著　者　memi
発行者　永岡純一
発行所　株式会社 永岡書店
　　　　〒176-8518　東京都練馬区豊玉上1-7-14
　　　　代表：03-3992-5155　編集：03-3992-7191
DTP　　編集室クルー

印刷・製本　クループリンティング

ISBN978-4-522-44095-7 C0077